El Preso 198

Un perfil de Daniel Ortega

FABIÁN MEDINA SÁNCHEZ

FABIÁN MEDINA SÁNCHEZ

El Preso 198
UN PERFIL DE DANIEL ORTEGA

Septiembre 2018

A todos aquellos que han muerto
defendiendo su derecho a ser libres

A los perseguidos, presos o mutilados
por la mano de quien en nombre de una
revolución estableció otra dictadura

Autor, Coordinación y Edición: *Fabián Medina Sánchez*

Ilustración de Portada: *Luis González Sevilla*

Diseño y Diagramación: *Lenín Membreño Gudiel*

Corrección de Texto: *Sandra Jarquín Castillo*

Fotografías: *Colección Nicolás López Maltéz / Archivo La Prensa / Oscar Navarrete*

Impreso en: *Imprenta Comercial La Prensa.*

Esta es una publicación de

EL DIARIO DE LOS NICARAGUENSES
LA PRENSA
Al Servicio de la verdad y la justicia

Comentarios y sugerencias: fmedina@laprensa.com.ni

ÍNDICE

INTRODUCCIÓN

C uando Daniel Ortega entró a la cárcel La Modelo quedó registrado para la historia como el reo 198. Así se le puede ver en la foto de su expediente carcelario, sosteniendo de frente y de perfil la clásica tablilla con el número asignado. Siete años más tarde fue rescatado de la cárcel mediante un operativo guerrillero de sus compañeros de armas. Salió el hombre, pero la cárcel se fue con él. La llevaba dentro. Nunca dejó de ser el preso No. 198. Esa condición ha marcado toda su vida, desde las relaciones familiares, sentimentales, hasta sus vicios, manías y la forma de ejercer el poder.

Daniel Ortega es, para bien o para mal, uno de los más importantes personajes de la historia de Nicaragua. Ortega también es un personaje omnipresente en la Nicaragua de estos últimos doce años. Todos los días oímos de él. Todos los días lo nombramos por alguna u otra razón. Determina en gran medida nuestras vidas. Su nombre y su rostro están en vallas de calles y carreteras de Nicaragua, en los noticiarios y los periódicos. Es querido por unos y odiado por otros. Y sin embargo, es un gran desconocido. Poco se sabe de su pasado.

Durante varios años me he dado a la tarea de reconstruir su vida. De alguna manera siento que tengo la obligación de

11

relatar a este personaje. Porque soy periodista y vivo en este tiempo, cuando se puede conversar con cierta franqueza, sobre hechos pasados, con protagonistas vivos de esta historia. Revisé cientos de artículos de periódicos y revistas, libros y documentos. Entrevisté a un centenar de personas cercanas a Ortega. Muchos de los entrevistados me pidieron que no los mencionara. Gente humilde que le sirvió en el gobierno, en su hogar o en su seguridad. Otras compartieron el poder con él. Entrevisté personas que lo acompañaron en la cárcel, la guerrilla, el exilio o el gobierno. Hablé largamente con su íntimo amigo desde la niñez, Carlos Guadamuz, cuando ya esa "amistad de sangre" estaba rota, unos años antes de que fuera asesinado por un matón en circunstancias, por lo menos, sospechosas. Por supuesto, también encontré espacios cerrados a su alrededor. Personajes claves que nunca hablarán.

A Ortega ya le había entrevistado en un par de ocasiones, antes de que volviera al poder. Para este trabajo desde el comienzo envié una solicitud de entrevista y nunca recibí respuesta. Rastreé las pocas entrevistas que ha dado a lo largo de su vida, incluyendo una con la revista *Playboy* en 1987, tal vez la más importante que haya dado alguna vez Ortega.

Este no es un libro a favor o en contra de Daniel Ortega. Ni pretende ser un libro de historia. Es solo un perfil periodístico que busca mostrar cómo se construyó el hombre que se convirtió en un dictador en Nicaragua. Con sus luces y sombras. Mi intención es colocar la cámara desde la vida más personal, íntima, de sus protagonistas para contar esta parte importante de la historia de Nicaragua.

Daniel Ortega fue Boy Scout, monaguillo, tuvo hasta intención de ser sacerdote, fue revoltoso, quemó vehículos, apedreó casas y personas, asaltó y mató, cayó preso, vivió en el exilio, fue guerrillero, creyó en la transformación revolucionaria de la sociedad, coordinó la Junta de Gobierno, ha sido candidato en siete campañas electorales, caudillo, cuatro veces presidente y, finalmente, devino en un dictador igual o peor que el que una vez ayudó a derrocar en nombre de ideales revolucionarios.

Ortega arrastra con él la cárcel. En toda su vida. Su primera escolta personal incorporó al menos a tres de sus antiguos carceleros. Su seudónimo más usado, "Enrique", es el nombre de uno de los guardias con quien hizo amistad en la prisión. Construyó en su casa y en sus oficinas recreaciones de celdas para aislarse. Sus amigos más cercanos son aquellos con quienes compartió prisión, e hizo de sus hábitos de prisionero su sello personal de gobierno y la forma para interrelacionarse con los demás.

El Daniel Ortega de hoy, sin embargo, no se explica sin Rosario Murillo. Ambos se complementan. Ortega encontró en Murillo lo que a él le faltaba. Y Murillo encontró en Ortega el vehículo que necesitaba.

En los últimos 30 años, Daniel Ortega ha vivido cuatro golpes cruciales en su vida, y todos han servido para que sean la pareja de poder que son hoy:

1. La derrota electoral de 1990. Fue un momento político duro para alguien que se considera destinado a gobernar Nicaragua. Lo vivió como una traición del pueblo.

2. El infarto de 1994. Hace estallar la seguridad que tenía en él mismo. Sus rutinas de vida se alteran y lo llevan a desarrollar una mayor dependencia hacia Murillo.

3. La denuncia de Zoilamérica en 1998. Es uno de los golpes más fuertes que ha sufrido. Difícilmente habría sobrevivido políticamente sin el acuerpamiento de Murillo.

14

4. La rebelión de 2018. Todo el tinglado de poder se le viene abajo cuando la población sale en masa a las calles para pedirle que se vaya. Por primera vez, Murillo y Ortega pierden el control y solo logran sobrevivir como gobierno reprimiendo violentamente el descontento.

Alguien ha dicho alguna vez con ironía:

—¡Qué cosas! Si a Daniel Ortega le hubiesen aplicado la ley de fuga, como se la aplicaron a muchos presos durante el somocismo, no hubiésemos tenido esta nueva dictadura tan parecida a la de Somoza.

—El problema no es Daniel Ortega —es mi respuesta invariable— el problema somos nosotros. Si no hubiese existido Daniel Ortega estaría otro. Y eso no va a cambiar mientras nosotros no dejemos de crear los Somoza, los José Santos Zelaya, los Emiliano Chamorro o los Daniel Ortega.

¡Mataron a Gonzalo!

"Hay tres maneras de hacer
las cosas: la correcta, la incorrecta
y la mía". Casino, 1995

A las nueve y media de la noche, el sargento Gonzalo Lacayo se despidió de su madre, doña Petronila Murillo, y antes de salir a la calle encontró a su hermano Carlos que entraba a la casa:

—Portate bien, no bebás tanto guaro —le dijo en tono de regaño.

Tomó la acera para regresar caminando. Su casa quedaba a unos 50 metros de la casa de sus padres. A pesar de ser un hombre extremadamente desconfiado, no se percató que esa noche de lunes 23 de octubre de 1967, desde hace algunas horas, un carro Hillman gris, de los mismos que se usaban

17

como taxi en la Managua de la época, vigilaba desde la esquina occidental de esa cuadra del barrio Cristo del Rosario, cercana al lugar que todavía hoy se conoce como El Arbolito.

—Ahí está. Arrancá —ordenó uno de los cuatro hombres del carro al ver salir al rechoncho sargento en camiseta blanca y pantalón kaki. El taxi comenzó a moverse lento hasta alcanzarlo cuando pasaba a la par de un poste de luz, donde una solitaria bujía de mercurio alumbraba con dificultad el frente de una vieja casa abandonada.

Doña Petronila oyó la descarga de disparos, pero creyó que eran los triquitraques que su yerno Rafael Mendoza tradicionalmente hacía estallar en la calle en honor a su santo, San Rafael Arcángel, en la víspera de su día, tal como contaría poco después a un periodista del Diario La Prensa. Supo, sin embargo, que estaba ante una tragedia familiar cuando vio entrar por el portón a su hija Petronila con cara de alarma y gritando:

—¡Mataron a Gonzalo!

El sargento Gonzalo Lacayo dio media vuelta, soltó un débil ¡ay! e hizo un vano intento de sacar su pistola 45mm, de reglamento, antes de caer de bruces sobre un charco de sangre, abatido por el nutrido fuego de metralla que salió desde el vehículo. Dieciocho balazos en el cuerpo le contaría el médico forense horas más tarde. El último de ellos se lo propinó en la frente uno de los hombres del carro, que se bajó para rematarlo en el suelo y gritar: "¡Viva el Frente Sandinista!"

El hombre que se bajó del carro y le dio el tiro de gracia fue Edmundo Pérez, conocido como el Chan. Y el hecho tendría apenas relevancia histórica de no ser porque otro de los asesinos del sargento Lacayo fue Daniel Ortega Saavedra, entonces un joven de 22 años, flacucho, con lentes culo de botella para su miopía, y quien posteriormente se convertiría en presidente de Nicaragua en cuatro ocasiones distintas. Ortega, nacido en La Libertad, Chontales, el 11 de noviembre de 1945, participó desde temprano en acciones de rebeldía frente al régimen somocista que gobernaba Nicaragua, se integró al Frente Sandinista en 1963, purgó siete años de prisión, tuvo una discreta participación guerrillera, se convirtió, sin embargo, en uno de los nueve todopoderosos comandantes sandinistas que gobernaron Nicaragua durante los años 80 y desde ahí derivó finalmente en el caudillo de su partido.

"Yo había participado en el ajusticiamiento, o asesinato si usted lo quiere poner así, del principal verdugo de las fuerzas de seguridad de Somoza, este tal Gonzalo Lacayo. En agosto de 1967 (fecha equivocada), participé en esa acción para matarlo", confesaría en 1987 a la revista *Playboy* en una entrevista con la periodista Claudia Dreifus.

—¿Lacayo es la primera persona que usted mataba en su vida? —le pregunta la periodista.

—Sí.

—¿Cuando lo mató, no sintió ningún conflicto entre sus sentimientos religiosos y lo que estaba haciendo?

—No, porque no sentí ningún odio personal, ni tampoco rencor al efectuar esa acción —responde Ortega—. Pienso que de haber sentido odio personal me habría sentido culpable.

Pero no sentí nada de eso. Lo vi como algo natural, algo que tenía que suceder. Es cierto que le estábamos quitando la vida a una persona, pero esa era una persona que le estaba robando la vida al pueblo. Quiero decir, él era el peor de todos los torturadores y asesinos. ¿Se sentían culpables los miembros de la Resistencia Francesa cuando mataban a los oficiales de la Gestapo?

Pocas entrevistas ha dado Daniel Ortega y en un par de ellas ha reconocido ser parte del grupo que asesinó a este sargento de la Guardia Nacional somocista.

"Yo participé en la ejecución", repetiría Ortega, 22 años más tarde, el 2 de marzo de 2009, ante el periodista británico David Frost. "(Gonzalo Lacayo) Era el que me había torturado a mí, a otros compañeros y a centenares de nicaragüenses nos había torturado durante muchos años. Era el especialista en torturas y el Frente tomó la decisión de ejecutarlo".

La suerte de Lacayo se decidió poco después de agosto de 1967, con una ligera contradicción de opiniones entre Carlos Fonseca Amador y Oscar Turcios, líderes del movimiento guerrillero Frente Sandinista de Liberación Nacional (FSLN). Turcios consideraba que se debía realizar una acción que golpeara al somocismo para demostrar que el Frente Sandinista estaba vivo, y no exterminado como proclamaba Anastasio Somoza Debayle, después del golpe que le dio la Guardia Nacional en Pancasán. El 27 de agosto de 1967, el ejército somocista atacó los focos de la guerrilla sandinista que se refugiaban en las montañas de Pancasán, Matagalpa, y ahí murieron Silvio Mayorga y Rigoberto Cruz, miembros de la Dirección Nacional, así como los guerrilleros Pablo Úbeda, Francisco Moreno, Otto Casco, Fausto García, Oscar Danilo Rosales, Nicolás Sánchez, Carlos Reyna, Ernesto Fernández y Carlos Tinoco. Carlos Fonseca era de la opinión que el Frente Sandinista no estaba preparado para soportar la represión que se desataría al tocarle la cola al tigre con la ejecución de alguno de los connotados miembros del aparato represivo del somocismo. Se impuso finalmente la propuesta de Turcios.

Así las cosas, Turcios se reunió con un pequeño grupo de colaboradores en la finca El Pescado, del doctor Constantino Pereira, a 22 kilómetros al sur de Managua, para planificar el atentado. Se escogieron tres posibles candidatos a matar: el jefe de la Oficina de Seguridad (OSN), coronel Samuel Genie; el exjefe de esa oficina, general Gustavo Montiel, y el sargento Gustavo Lacayo, el más famoso torturador de ese momento.

"Buscábamos a alguien por quien la gente no sintiera compasión de su muerte. Que no dijeran, 'ay pobrecito, lo mataron'. Gonzalo Lacayo era odiado, porque había torturado a todo mundo, incluso lo señalan como su verdugo Pedro Joaquín Chamorro, en su libro *Estirpe sangrienta*, y Clemente Guido, en *Noche de tortura*", dice el sociólogo Oscar René Vargas, uno de los que participó en la reunión de la finca El Pescado, donde se decidió la suerte del desgraciado. Se acordó comprar un vehículo Hillman —de los mismos que se usaban como taxi en Managua—, chequear las rutinas de los candidatos a asesinar y se escogieron los miembros del grupo que estaría a cargo de la ejecución: Oscar Turcios, quien iba en el asiento delantero; Gustavo Adolfo Vargas, manejaba; Edmundo Pérez y Daniel Ortega, iban en el asiento trasero.

Sin embargo, hay una versión recogida por Kenneth E. Morris, en el libro *Unfinished Revolucion* (La Revolución Inconclusa) que asegura que Daniel Ortega no llegó a disparar porque se le trabó su arma. En medio del nerviosismo, a Edmundo Pérez se le salió accidentalmente un disparo y pegó en el techo del vehículo. Es por este orificio que la Seguridad somocista logra ubicar el carro días más tarde en un taller mecánico.

El sargento Gonzalo Lacayo, apodado el Cabezón, tenía 36 años cuando el grupo de militantes del Frente Sandinista lo ejecutó cerca de su casa. Ingresó a la Escuela de Policía en 1953 y rápidamente se dio a conocer como un hombre violento en los sucesos de abril de 1954, cuando varios opositores al régimen somocista fueron masacrados.

Gracias a sus habilidades para la tortura, fue trasladado a la Oficina de Seguridad Nacional, recomendado por el asesor norteamericano Van Winckle quien vio en Lacayo "condiciones extraordinarias" para formar parte del cuerpo de Inteligencia somocista. De la Policía salió con el grado de cabo y en 1960 fue ascendido a sargento. Siempre se le vio acompañando a los distintos jefes de la Seguridad, como su hombre de confianza, y fueron muchas las víctimas de sus torturas. Entre ellos el propio Daniel Ortega, Pedro Joaquín Chamorro y Clemente Guido.

"Con la ejecución de Gonzalo Lacayo es que nace el uso de la capucha en los interrogatorios de la Seguridad, porque ya los torturadores no querían que les viéramos la cara", explicó Roberto Sánchez, historiador y miembro del Frente Sandinista.

La feroz represión que se desató posteriormente terminó dándole la razón a Carlos Fonseca. Cateos, patrullaje intenso y prisioneros. El Frente Sandinista sacó a muchos de sus cuadros hacia Cuba para protegerlos, y a los que quedaron en Managua les ordenó mantenerse "congelados".

"Gran ola de capturas en todo el país", titula La Prensa el miércoles 25 de octubre su nota de portada donde informa sobre "decenas de capturas" en "represión por el atentado" contra Lacayo.

El 4 de noviembre la Guardia capturó en una casa del barrio Monseñor Lezcano a Casimiro Sotelo, Roberto Amaya, Edmundo Pérez y Hugo Medina, todos cuadros del Frente Sandinista, a quienes identificaron como los asesinos de Lacayo, a pesar que solo Pérez participó en la ejecución. Los cuatro fueron ejecutados a la orilla del lago de Managua, de una forma similar a la que murió el torturador de la Oficina de Seguridad: múltiples balazos en el cuerpo y cada uno con un tiro de gracia en la frente. El diario oficialista Novedades, sin embargo, los reportó al día siguiente como "muertos durante el encuentro que sostuvieron en el barrio Monseñor Lezcano con una patrulla de la Guardia Nacional".

Daniel Ortega se encontraba junto a otro compañero, Iván Turcios, escondido en una casa de Monseñor Lezcano cercana a aquella donde capturaron a Sotelo y compañía, pero lograron escapar gracias a la oportuna intervención de los hermanos Vargas, Gustavo Adolfo y Oscar René, quienes en medio del operativo de captura llegaron a sacarlos de la casa poco antes de que la Guardia cayera sobre ella. Cambian a Ortega a la casa de una señora llamada Olga Maradiaga, de las Delicias del Volga tres cuadras a la montaña y media cuada abajo, y, poco después lo mueven a otra cerca del mercado Bóer (hoy Israel Lewites), de Harold Solano, donde, gracias a la delación de alguien, lo capturan el 18 de noviembre.

A las seis de la mañana del sábado 18 de noviembre de 1967, un nutrido grupo de guardias irrumpe violentamente en la casa de Harold Solano donde se había refugiado Ortega la noche anterior. En medio de los gritos, patadas y empujones sacan a los dos hombres esposados. Uno de ellos, antes de que lo monten en el vehículo grita:

—¡Soy Daniel Ortega, miembro del Frente Sandinista!

La pandilla del San Antonio

"La muerte nos sonríe a todos,
devolvámosle la sonrisa".
El Gladiador, 1999

Para los años 50 La Libertad era un pueblo de casas de madera con tambos y traspatios, tiendas de abarrotes y herramientas, salas de juego y cantinas, como si fuese una copia al carbón de los pueblos del lejano Oeste. Hasta el siglo XVIII este fue territorio de indios chontales, prácticamente olvidado, hasta que llegaron los españoles y descubrieron el mineral que sería su maldición o bendición, según se quiera ver. El Mineral, bautizaron sin mucha creatividad originalmente a este lugar ubicado en el departamento de Chontales, a 175 kilómetros de Managua, donde ya para el siglo XIX, sin el control de España, comenzaron a llegar aventureros en busca de fortuna de diversas partes de Nicaragua y del mundo.

Según el historiador Jerónimo Pérez (1838-1878), El Mineral fue rebautizado como La Libertad, gracias a un tahúr de apellido Conrado, quien invitaba a los forajidos del país a refugiarse de la policía en ese lugar porque "ahí hay libertad de jugar, de beber y de todo".

Kauffman, Halleslevens, Bellager y Crovetto son apellidos de las familias extranjeras, principalmente de Alemania e Italia, que quedaron de esas oleadas. A veces llegaban, probaban fortuna y se iban. El historiador nicaragüense Julián Guerrero llegó en 1954 y describió a La Libertad como un lugar desolado, de unas 400 casas, de las cuales unas 120 estaban deshabitadas. Vivía el pueblo sus horas bajas, determinadas por la mayor o menor intensidad en la explotación del oro y la plata de sus entrañas. Había entonces un Club Social, cuatro boticas, un cine y 11 tiendas, entre ellas una de don Benjamín Saavedra y doña Simeona Rizo de Saavedra. La familia Saavedra era una de las más importantes del pueblo en ese entonces, y como en pueblo chico la jerarquía se ostenta, los Saavedra Rizo vivían en una de las cinco casas de dos pisos que para ese tiempo existían.

Antes de casarse con doña Simeona, don Benjamín tuvo un romance con Mercedes Rivas, y de esa relación nació Lydia Saavedra, quien se crió en el hogar de su padre en La Libertad, mientras su madre hacía vida marital en Juigalpa con un rico hacendado de nombre Ramón Mongrío.

En ese ir y venir de buscafortunas llegó desde Granada a La Libertad, Daniel Simeón Ortega Cerda en 1939. Tenía 34 años y era un hombre flaco, de porte elegante, que deambulaba por las fangosas calles del pueblo de boina, con ropa cuidadosamente planchada, zapatillas lustradas y una alforja a modo de bolso en que llevaba sus comidas o herramientas. Era serio y servicial, ajeno a los pleitos de calle o cantinas. Vivió frente al Club Social y preparaba sus propios licores. Alguna vez se le vio como gambusino o güirisero, buscando infructuosamente oro en las vetas vacías del mineral Santa María. Sin que la fortuna le sonriera y sin recursos de qué vivir, se colocó como contador de los negocios del señor Ramón Mongrío y ahí encontró algo mejor que el oro que buscaba.

Sucede que en las misceláneas de Mongrío, en las minas Babilonia y San Juan, trabajaba una señorita treintañera que le robó el corazón: Lydia Saavedra, hijastra de Mongrío e hija, como dijimos, de don Benjamín Saavedra. Cómo fue que el aventurero adusto y pobre, llegado de Granada, conquistó a una de las Saavedra es un misterio liberteño, pero en marzo de 1941 los enamorados se estaban casando.

"Mi padre era de Masatepe, criado en Granada, de familia también de alcurnia, pero fuera de matrimonio. Según comentaban, a los granadinos en La Libertad los miraban como muy libertinos, y más a mi padre que era muy rebelde al sistema tradicional y teósofo", relata el general en retiro Humberto Ortega. "Mi madre se enamora y se va de casa con mi padre a Santo Domingo, Chontales". En ese pueblo vecino de La Libertad, don Daniel Ortega Cerda se asocia con su íntimo amigo, Carlos Vigil Pevedilla —hermano del famoso don Julio Vigil, un hombre rico, dueño en Managua de la Casa Vigil y Caligaris— para buscar oro en las minas de Santo Domingo. Fracasan.

El infortunio parecía solazarse con la pareja. Los primeros dos hijos, Sigfrido y Germania, mueren en los primeros años "debido las férreas condiciones de vida de estas zonas mineras y las limitaciones materiales de nuestros padres", relata Humberto Ortega en su libro *Epopeya de la Insurrección*. El 11 de noviembre de 1945 nace ahí mismo, en La Libertad, el tercer hijo: José Daniel Ortega Saavedra.

La familia migra hacia Juigalpa, la ciudad más importante de Chontales, huyendo de esas "férreas condiciones" y en busca de mejores oportunidades. En enero de 1947 nace Humberto y al año siguiente, en esa misma ciudad, nace Germania, bautizada con el mismo nombre de su hermanita muerta. No logran establecerse en Juigalpa, don Ramón Mongrío ya no tolera a su antiguo empleado y pronto la familia Ortega Saavedra se traslada a vivir a Managua, donde se instala en la colonia Somoza, primero y luego en el barrio San Antonio, a la par de la panadería La Rosa Blanca, de la familia Mendieta. En Managua, en 1950, nace el menor de los Ortega Saavedra: Camilo.

En el barrio San Antonio y sus alrededores confluirían en ese tiempo muchos de los personajes que definirían años más tarde la historia de Nicaragua. Ahí Daniel Ortega y su hermano Humberto formaron una pandilla de revoltosos junto con Carlos Guadamuz, Selim Shible y Edmundo Pérez, entre otros.

Humberto Ortega, quien llegaría a ser jefe del Ejército, recuerda en su libro que a media cuadra de su casa, cerca de la iglesia San José, vivía su amigo Óscar Turcios, "con quien disfrutamos los potentes chorros de agua de colores, cuando se inaugura la fuente luminosa General Somoza" frente al estadio del mismo nombre.

Aunque Carlos Guadamuz no vivía exactamente ahí, su abuela y una tía trabajaban como empleadas domésticas en una casa frente a la iglesia San José, donde había una importante pulpería. Guadamuz llegaba a esa casa a pasar el día y los Ortega compraban en la misma pulpería, que les quedaba a media cuadra de su casa.

Un punto de referencia inevitable de la vieja Managua fue la sorbetería La Hormiga de Oro. Quedaba en una casa esquinera, ubicada del Teatro González hacia abajo, sobre la calle Momotombo. "Un rotulito decía: Sorbetería La Hormiga de Oro, Tel 5125. Así de sencilla, pero significó para los managuas un punto de referencia entre los barrios San Sebastián y San Antonio", explica el historiador Roberto Sánchez Ramírez, en su libro *El recuerdo de Managua en la memoria de un poblano*.

Rosario Murillo nació y vivió de La Hormiga de Oro, una cuadra al sur y media abajo, a tres cuadras de la casa de los Ortega Saavedra.

Otro personaje del barrio es Arnoldo Alemán, el expresidente de Nicaragua que sería acusado y encarcelado por corrupción, y con quien Daniel Ortega haría un pacto que lo llevaría al poder. Vivieron a pocas cuadras y estudiaron en el mismo colegio, el Pedagógico La Salle.

En la familia Ortega Saavedra se vivía una religiosidad sui géneris. Don Daniel, teósofo militante, no pertenecía a ninguna iglesia, pero era admirador del Cristo Crucificado. En la sala de la casa, en el barrio San Antonio, colgó incluso un cuadro grande, de más de un metro de altura del Cristo de Velázquez, sobre el cual sentía especial fascinación "porque tiene los pies separados y cada uno con un clavo diferente", señaló el general Ortega. Doña Lydia, en cambio sí era ferviente católica y asidua a misas. Era devota de la Virgen del Carmen.

Todos los hermanos Ortega Saavedra fueron bautizados y confirmados en la fe católica. Daniel y Humberto estudiaron primero en el Calasanz, cuando la familia vivía por el barrio San Sebastián. Daniel estudiaba en la modalidad pagada y Humberto en el Anexo, destinado a quienes no podían pagar la colegiatura. Cuando a don Daniel le comenzó a ir mejor en el comercio de importaciones, la familia se trasladó a la Avenida Roosevelt, frente a la Capilla del Colegio Pedagógico La Salle, y ya los tres varones, Daniel, Humberto y Camilo, se inscriben en el Pedagógico y Germania en el Colegio La Inmaculada. Siempre en colegios católicos.

En 1962 don Daniel se enferma y la familia saca a Humberto del colegio La Salle para que ayude en la oficina y Daniel, que estaba interno para entonces en El Salesiano de Masaya, parte por poco tiempo, interno también, hacia el Salesiano de Santa Tecla, en El Salvador, donde oficia de monaguillo y siente inclinaciones por el sacerdocio. Ahí es donde se encuentra con otro coterráneo suyo: el sacerdote Miguel Obando, quien para ese tiempo era rector del Seminario Salesiano.

En ese mismo colegio La Salle, y para esos mismos años, estudió Anastasio Somoza Portocarrero, apodado luego como el Chigüín, hijo del dictador Anastasio Somoza Debayle. A Daniel Ortega lo conoció de vista, dijo en una entrevista en

Guatemala donde vive. "A Daniel solamente lo veía desde primaria, que era uno de los organizadores de secundaria, cuando secundaria era peligrosa". Con quien hizo amistad, asegura, fue con el hermano menor de los Ortega, Camilo. "La amistad con Camilo vino de que estábamos juntos, y teníamos que sobrevivir al hermano Pedro, al profesor Andrés, al profesor Martínez, al hermano Alberto. ¡Todas las clases que nos teníamos que soplar juntos!"

Somoza Portocarrero no aguantó el ambiente hostil del colegio, propiciado por ese sentimiento antisomocista de "los revoltosos de secundaria", y a los doce años se fue a estudiar a Estados Unidos.

Ya los Ortega andaban en otras ligas. El 23 de junio de 1960, en ocasión del primer aniversario de la masacre de estudiantes en León, la pandilla del San Antonio se dedicó a colocar "bombas zaguaneras" en casa de somocistas y edificios gubernamentales. Estas bombas artesanales —relata el general Ortega en el libro—, "eran trozos de tubos de hierro con pólvora, sellados por ambos extremos" que causaban más estruendo que daños.

Daniel Ortega relató a la revista *Playboy* sus andanzas de esos años:

"En 1960 algunos de los muchachos de nuestro vecindario formamos una organización llamada Juventud Patriótica Nicaragüense. Más tarde, esta organización fue disuelta por la Guardia Nacional. Ellos la destruyeron cuando algunos de nosotros tratamos de tomarnos uno de los cuarteles de la Guardia Nacional. Así que, después de los acontecimientos que siguieron a nuestro intento, sufrimos una fuerte represión.

Arrestaron a un gran número de personas de nuestro grupo. Esa fue la primera vez que caí en prisión y fui golpeado. Fui llevado a las oficinas de la seguridad de Somoza, interrogado y fotografiado, y luego fui torturado. Los hombres de Somoza querían que yo dijera que algunos hombres de mayor edad y que pertenecían al Partido Social Cristiano nos habían metido en esto y yo no iba a hacer tal cosa. De todas maneras, no era cierto. Eso fue algo así como mi... bautizo de fuego".

"Al año siguiente, en 1961 —continúa Ortega— fui arrestado de nuevo. Esta vez me acusaron de prender fuego a algunos vehículos pertenecientes a la embajada estadounidense y, en realidad, eso era lo que habíamos hecho. El segundo arresto fue más serio. Nos llevaron ante el juez, se emitió una condena formal y, por supuesto, fui torturado de nuevo. Como siempre".

Para 1964 la pandilla de amigos se fue al raid a Guatemala en busca de aventuras. Escogieron Guatemala porque era la capital del movimiento guerrillero de la región. Sin dinero, decidieron dormir en los parques, pero no aguantaron. "Esa clase de vida resultó ser algo imposible, así que rentamos un pequeño cuarto para una persona en un hotel muy pobre y el resto de nosotros entraba furtivamente en el cuartito, uno por uno, durante la noche. Bueno, el propietario del hotel comenzó a sospechar y finalmente nos denunció a la Policía. Apenas habíamos estado en Guatemala dos días", dice Ortega en la entrevista.

"Lo que siguió después fue realmente terrible", continúa. "La policía judicial nos llevó a prisión y metió en nuestra celda a algunos cubanos anticastristas del Alpha 66 para que nos interrogaran. Nos golpearon y luego nos enviaron a otra prisión donde había algunas celdas en el sótano que apenas medían medio metro de ancho por 10 metros de largo. Ellos llamaban el lugar "la jaula del tigre". Era la antesala de la muerte. Nos encontramos allí a unos 40 campesinos de una región que apoyaba a los guerrilleros. Todos estábamos encaramados unos sobre otros y uno tenía que caminar por encima de los demás para encontrar un lugarcito donde sentarse y finalmente terminaba sentándose encima de alguien más".

A los campesinos los sacaron un día y aparecieron muertos poco después cuando, según las noticias, el camión en que viajaban se fue a un abismo. A los nicaragüenses decidieron entregarlos a la seguridad nicaragüense. Una vez en la frontera norte de Nicaragua, los recibió el sargento Gonzalo Lacayo. Los lanzaron atados de pies y manos a un jeep Land Rover y los pusieron en cuclillas cargando piedras en las piernas. Durante todo el camino Lacayo los golpeó con un garrote. Recogía basura y cosas inmundas, como restos de animales y basura, y se los hacía comer. Cuando se negaban a comer la inmundicia, les empujaba violentamente la cabeza contra la piedra que cargaban para que se les rompieran los dientes, de modo que preferían comer la porquería. Lacayo, diría Ortega, "era una especie de monstruo muy especial. Había sido carnicero antes de entrar a la seguridad y continuó siéndolo después. Durante el viaje, se llegó el momento cuando uno de los compañeros vomitó (Edmundo Pérez). Lacayo hizo que se comiera su propio vómito".

La Juventud Patriótica derivó naturalmente en el Frente Sandinista de Liberación Nacional, grupo clandestino al que

Daniel Ortega se integra oficialmente en 1963. Ese mismo año hizo el intento de estudiar Derecho en la Universidad Centroamericana de Managua. Dionisio "Nicho" Marenco, quien ya conocía de cara a Ortega "en los vergueos de la calle" se lo vuelve a encontrar en los pasillos universitarios. "Estuvo menos de un año. Entre lo que caía preso, y entre lo que se perdía, no tuvo una vida universitaria regular", recuerda.

Ortega entró entonces a una febril actividad revolucionaria. Asume un ritmo de vida que, en ese tiempo, significaba prácticamente una sentencia de muerte. Las esperanzas de vida de quienes se involucraban en la lucha contra Somoza se reducían a pocos años, incluso meses, como sucedió con la gran mayoría de sus camaradas.

En junio de 1966 salió hacia Cuba, vía México, para participar en el Cuarto Congreso Latinoamericano de Estudiantes, que se realizó en La Habana del 28 de julio al 18 de agosto. En la isla permanecería unos seis meses, en los cuales recibió clases de de tiro al blanco en polígonos con pistolas y fusiles, y en enero de 1967 regresa a Nicaragua a través de un enrevesado itinerario que exigía el clandestinaje en esos tiempos: La Habana-París-Lisboa-Puerto Príncipe-Venezuela y Panamá, desde donde llega por tierra a Nicaragua.

De la quema de vehículos y las bombas zaguaneras, pasó a los asaltos a bancos, cuatro veces cayó preso, hizo dos breves viajes a la guerrilla profunda, en Quirrague y Pancasán, Matagalpa, como enlace de la guerrilla urbana, y posteriormente participa en el asesinato del sargento Gonzalo Lacayo que, indirectamente, lo lleva a la cárcel por siete años. Paradójicamente, es probable que este tiempo en la cárcel le haya salvado la vida.

Años de cárcel

"Todo el mundo quiere ser libre,
dale que dale con la libertad individual.
Y ven a un individuo libre...
y se cagan de miedo". **Easy Rider, 1972**

A las dos y cinco minutos de la madrugada de 15 de marzo 1969 un tribunal de jurado declaró "culpables" a Daniel Ortega Saavedra y Axel Somarriba, por el delito de asalto contra la sucursal Kennedy del Banco de Londres, realizado el 21 de julio de 1967, de donde se habrían llevado la suma de 225,100 córdobas.

La idea de este asalto surgió después del primer viaje de Daniel Ortega a la montaña en mayo del 67, cuando los pocos guerrilleros que encontró le plantearon la necesidad urgente de conseguir dinero para sobrevivir ahí. Ortega junto con Rolando Roque, responsable general de la guerrilla urbana en Managua, planificaron el asalto a la sucursal Kennedy y decidieron que el grupo de asalto estaría conformado por Axel Somarriba, Selim Shible, Jorge Bravo y Daniel Ortega. Estos dos últimos secuestraron un taxi, mientras Axel y Selim hacían guardia en una esquina cerca del banco.

El asalto resultó sumamente tranquilo. No se disparó un tiro. El guardia que cuidaba la entrada ni se percató de la entrada de los asaltantes, y una vez adentro Selim encañonó a los empleados y el gerente abrió la caja fuerte. El dinero se colocó en unas bolsas negras y a los empleados se les encerró en el baño para que no dieran la alarma.

Ortega nunca fue enjuiciado ni castigado por el asesinato del sargento Gonzalo Lacayo.

"Aquellos eran momentos terribles para el Frente Sandinista", diría Ortega en la entrevista con *Playboy*. "A comienzos del mes, los somocistas capturaron a cuatro sandinistas heridos. Los asesinaron y luego anunciaron que habían matado a los asesinos de Lacayo. Fue un crimen terrible. Matar a personas heridas. Lo que es peor, de las cuatro personas que ellos asesinaron, solamente uno, Edmundo Pérez, había estado involucrado en la acción contra Lacayo. Sin embargo, cuando la seguridad de Somoza finalmente me capturó, se vieron enfrentados a un gran problema: dado el crimen que había cometido y su anuncio posterior, ellos no podían simplemente decir '¡Ah! Ahora tenemos a uno de los hombres que asesinaron a Lacayo'. Así que el único cargo que podían lanzar en mi contra era el robo bancario, aunque tenían un enorme número de indicios sobre otros cargos".

Al momento de su captura, a Daniel Ortega le encuentran una ametralladora ligera Madsen, una pistola calibre 45, una lista con nombres de colaboradores y la mitad de un billete de un córdoba que era la contraseña para entrevistarse con un colaborador.

El juez del caso de la sucursal Kennedy fue el doctor Guillermo Vargas Sandino y el jurado que lo condenó estaba conformado por el doctor Rodolfo Morales Orozco, como presidente; doctor Agustín Alemán Lacayo, doctor Donald Aráuz Cisneros, doctor Douglas Amaya, doctor Juan Tenorio, Guillermo Cano y José Aguilar Tablada.

El doctor Armando Bermúdez Flores representó al Ministerio Público y los defensores fueron los abogados Juan Manuel Gutiérrez, por Daniel Ortega y Guillermo Obregón Aguirre por Axel Somarriba.

Flaco, mechas desaliñadas, bigote de brocha y unos anteojos culo de botella. Uniforme a rayas de preso y un letrero que lo identifica como "Ortega Saavedra, Daniel, 198, Centro Penal de Rehabilitación Social, Tipitapa, Nic.". La foto oficial de su ingreso a La Modelo. Siete años y 42 días permanecería preso Daniel Ortega. La cárcel —aseguran los que lo conocen— marcaría a Ortega más que a cualquier otro prisionero. Desde sus manías hasta sus compulsiones sexuales. De hecho, él ostenta el tercer mayor periodo de cárcel entre los sandinistas que cayeron presos durante el régimen de Somoza. "Daniel padece el síndrome del prisionero. Siempre está aislado, come de pie y en sus oficinas siempre construye una especie de celda, un cuarto muy pequeño con una cama y unos libros donde se refugia cuando está atribulado", relata alguien cercano a Ortega, que pidió no dar su nombre.

El coronel Carlos Orlando Gutiérrez Lovo, otro de los candidatos a ser ejecutado en las listas del Frente Sandinista, era el jefe de la cárcel a donde fue a parar Ortega.

—Así que vos querías matarme —le dijo a modo de bienvenida y lo envió a una pequeña celda de criminales comunes.

Jacinto Suárez, quien fue compañero de prisión de Ortega durante todos esos años, no cree que el carácter ermitaño de Ortega se deba al encierro carcelario. "Puede que la cárcel haya influido en su carácter, como en todo el mundo, pero su carácter así es. Si la cárcel lo hiciera a uno así, de pocas relaciones, todos seríamos así".

"Cuando fui detenido y pasé ese largo período de prisión, yo diría que estaba, digamos, la nostalgia por un período de juventud", diría Ortega. "Porque uno quiere vivir la juventud vinculada no solamente a la lucha que era nuestra razón de ser, sino también, a lo que es el esparcimiento propio de la juventud; pasamos un período de castidad de siete años en la cárcel".

Tal vez una anécdota retrate las urgencias sexuales de esos años. Según el relato de un testigo, uno de los reos logró seducir mediante señas y frases al paso a una muchacha que acompañaba a su madre en la tarea de lavar ropa en la prisión. Ante la imposibilidad del contacto físico, porque en esas cárceles no había visitas conyugales, el reo le pidió a la muchacha que le mostrara los genitales cuando llegara a lavar. Él se colocaría estratégicamente en una posición desde donde pudiera observar el sector de lavandería. La muchacha accedió. Tal vez por indiscreción o tal vez por ego de macho, todos los reos se enteraron y como si fuese una función de teatro, estaban esperando el espectáculo. Ese día hubo aullidos de animal en celo y masturbación colectiva en la galería.

Harold Solano y Ortega fueron llevados directamente a la Oficina de Seguridad Nacional (OSN) donde, según el relato del primero, fueron sometidos a interrogatorios y torturas brutales. En una ocasión, dice, los obligaron a comerse uno el vómito del otro y fue en esos primeros días que el teniente Agustín Torres López, el Coto, en un arranque de furia le pegó una patada a Ortega en la sien derecha, que le dejaría una marca que hasta el día de hoy se aprecia en su rostro.

"Los guardias estaban enardecidos por la muerte de Lacayo. Sobre todo el Coto, que estaba dolido y se desquitó de la manera más bárbara con nosotros. ¿Le has visto esa cicatriz?", comenta Solano, quien tiene una cicatriz muy parecida a la de Ortega, pero a él se la hizo Bandón Hilario Bayer al estrellarle la cacha de una pistola en la frente.

"Fue una semana de tortura física extrema, en un punto nos pusieron capucha para que no pudiéramos ver quién nos torturaba, luego era el hostigamiento psicológico. Volví a ver a Daniel cinco días después. Estaba desfigurado, era un monstruo", relata Solano.

"Por nada pierdo la vista porque me reventaron a golpes los ojos y la ceja y la sien", relata Ortega en un trabajo de

Helena Ramos, publicado en la revista nicaragüense *El País* en noviembre de 1994. "También tengo cicatrices en las rodillas. (...) Luego, cuando uno se recuperaba, venían con la picana eléctrica a darte choques en las partes donde tenías heridas. (...) Te metían a una de esas celdas que tantas hay en la Seguridad, llamadas 'chiquitas', donde uno no puede estar de pie, nada más acostado. Estabas esposado, sin comida, solo te pasaban agua, para que no te murieras. Cuando a los dos, tres días, te sacaban al interrogatorio, te escapabas de desmayar de mareo. Y otra vez, la misma sesión de torturas: los golpes, las patadas, el chuzo eléctrico".

Después de diez días en la OSN los llevan a la cárcel conocida como El Hormiguero, donde les toman sus datos y presentan los cargos para trasladarlos al penal de La Aviación. Se les acusaba de atentado al Estado de Nicaragua, portación ilegal de armas, robos, vandalismo, comunismo y por el encubrimiento del asesinato de Gonzalo Lacayo.

En La Aviación a Ortega lo meten en la celda 16 y a Harold Solano en la 17. Continuaron los interrogatorios y golpizas. Seis meses después los envían a La Modelo, pero son regresados a las mismas celdas en La Aviación. "Tuvimos un boleo constante, hasta que nos quedamos en La Modelo, fuimos de los que estrenamos la cárcel", cuenta entre risas Harold Solano, ahora abogado, quien se dedica a dar asesoría legal a empresas extranjeras, pero que asegura seguir militando en el FSLN. Los afiches rojinegros, las fotos con Daniel Ortega y los documentos históricos que muestra en su casa dan fe de ello.

"Nos hacían ver como reos comunes, como delincuentes, porque el propósito de Somoza era doblegar nuestra moral. Pero nunca, ni con las peores torturas pudieron abatir nuestro espíritu", sostiene Solano, a pesar que el diario Novedades tituló en su nota de portada del lunes 20 de noviembre del 1967: "Guerrillero capturado da pistas a la autoridad", refiriéndose a Daniel Ortega en particular, a quien le atribuyen la información que llevó a la captura de Luis Álvarez, en León, y a los cateos en Managua "y otros lugares de la República". Posiblemente se tratara de otra de las notas de desinformación que eran frecuentes en ese periódico para ese tiempo.

Ortega encontró en La Aviación a Jacinto Suárez, a quien conocía del barrio San Antonio, y quien había caído preso unos tres meses atrás por el asalto a una sucursal de la empresa láctea La Perfecta. Para evitar el contacto con los otros presos y que los usaran para comunicarse con el exterior, a los sandinistas los aislaron en la celda No. 13, llamada la Celda de la Muerte, porque ahí estuvieron recluidos Edwin Castro Rodríguez, Ausberto Narváez Parajón y Cornelio Silva Argüello, quienes fueron asesinados la madrugada del 18 de mayo de 1960 en represalia por la muerte de Anastasio Somoza García.

Los presos políticos compartían galeras con los presos comunes. La Aviación era la cárcel más dura.

"Había violaciones entre ellos, drogadicción", relata Jacinto Suárez en sus memorias *En el mes más crudo de la siembra*. "Los delincuentes nos respetaban a los ´policarpos´, como nos decían a los presos políticos, no nos metían en sus asuntos, pero no era agradable estar con 150 seres humanos, como en una galera de esclavos, viendo y presenciando la vida entre los delincuentes. Como que estás en el fondo de un barril, para abajo no hay nada, llegás al extremo de la pudrición".

Jacinto Suárez recuerda que la noche que mataron a Gonzalo Lacayo, lo sacaron como a la una de la mañana de su celda en La Aviación. El alcaide, Orlando Gutiérrez, el mismo que luego recibió a Ortega, le dijo:

—¿Vos sabés cómo se ve un cadáver con 18 balazos?

Suárez no entendió de momento, y solo después supo por las noticias de la ejecución que habían realizado sus compañeros de armas y que la pregunta era en realidad una sentencia: "Si no hallaban a los que lo mataron, me matarían a mí", relata. "Necesitaban matar a alguien para vengar la muerte de Gonzalo Lacayo", dice Suárez, convertido en diputado del Frente Sandinista en la Asamblea Nacional.

Ahora cree que tanto Daniel Ortega como él le deben la vida a Casimiro Sotelo y demás compañeros que ejecutó la Guardia el 4 de noviembre después de su captura. "Si a ellos no los hubieran matado, seguro nos hubieran matado a nosotros. A Casimiro se le atribuyó la muerte de Lacayo aunque no hubiera tenido nada que ver, porque la orden de Carlos Fonseca era que en los interrogatorios les echáramos la culpa a los muertos".

Al llegar a la cárcel La Modelo los raparon. Los desinfectaron en masa, como a los animales de campo. Los colocaron en celdas individuales y ahí Ortega encontró a otros de sus compañeros. En una celda estaban Harold Solano, al lado Jacinto Suárez, luego Santos Medina y por último Daniel Ortega.

A las cuatro de la mañana, todos los días, debían levantarse a bañar. Era un baño común con nueve regaderas que se convirtió también en su sala de pláticas. Dos veces por semana salían al patio y formaban en fila, desde arriba directivos y trabajadores de los bancos asaltados llegaban a identificarlos. Tenían derecho a visitas y a que les llevaran alimentos como pinolillo, avena, pan, tortilla, queso y jalea.

"En las celdas estábamos hacinados, eran unos camarotes, unos encima de otros, de tal forma que si todos bajamos al mismo tiempo no cabíamos en el piso", relata Suárez.

"A los prisioneros políticos se les lanzaba a una celda junto con los criminales comunes, ya que habían muy pocas literas", contaría Ortega a la periodista Dreifus. "Dormíamos en el piso. Había un solo inodoro, sin puertas ni nada, en el centro del cuarto. Por supuesto, uno desarrollaba ciertos hábitos en la prisión. Uno pierde un poquito su timidez, especialmente a las cosas que se relacionan con las funciones corporales. Por ejemplo, siempre había una fila de unas 50 personas esperando a usar el único inodoro, presionando al que estaba usándolo para que se apresurara, ya que este era tan inmundo, todos usábamos el inodoro de pie, nadie se sentaba. Y uno lo usaba y allí mismo, frente a uno, los otros aplaudían diciendo: ¡Vamos! ¡Aligerate! ¿Qué está pasando? Y lo insultaban a uno gritando: ¡Ideay, te estás tardando mucho! Con la ducha era lo mismo. Algunas veces había cien personas que querían usar la ducha. Todo el ambiente daba la impresión de una de esas galeras de esclavos. Así es como se sentía".

Los vistieron con trajes de preso, rayados, con un círculo atrás que los identificaba como presos políticos. "La orden era tirar a matar a ese círculo si tratábamos de escapar", dice Suárez, aunque reconoce que para los años de La Modelo cesaron las torturas físicas y recuerda como un tipo "buena gente" al alcaide coronel Sebastián López, Guachán. "Nos pusieron un tipo suave porque pensaron que así nos controlaban mejor porque mucho jodíamos", dice.

La rutina carcelaria cambió violentamente cuando, una noche de diciembre de 1974, escucharon el furioso pipiripipí de la pequeña radio a transistores que mantenían escondida en la celda. De última hora se anunciaba un asalto guerrillero.

—El Frente tiene a unos ministros de rehenes y está pidiendo la liberación de ustedes —les sopló en voz baja uno de los carceleros.

El rescate

L a noche del 27 de diciembre de 1974, un grupo de guerrilleros del Frente Sandinista entró a balazos en la casa del reconocido somocista Chema Castillo. Ahí se celebraba una recepción en honor al embajador norteamericano en Nicaragua, Turner Shelton, y asistía lo más granado de la élite somocista.

En la cárcel, dice Daniel Ortega en la entrevista con *Playboy*, estaban enterados de que habría una operación para rescatarlos, pero no conocían los detalles.

"Sabíamos que había gente fuera de la prisión que estaba trabajando en algo para ponernos en libertad. Pero la primera vez que oí del asunto fue en la madrugada después de la acción.

Uno de los guardias que siempre se mostraba amistoso con nosotros dijo: 'El Frente ha tomado como rehenes a una serie de ministros que se encontraban allí y los están pidiendo a ustedes'. Teníamos un radio escondido sobre el que nos abalanzamos. Ese fue el momento más impactante que tuvimos en prisión, cuando nos dimos cuenta que ministros de Somoza muy importantes, incluyendo al cuñado de Somoza, se encontraban en manos de los compañeros. Más tarde, pasaron un mensaje del Frente en la radio y eso sí que fue algo tremendo. Oír por vez primera, en una radioemisora, en Nicaragua, un mensaje del Frente Sandinista".

"A las 10 y cuarto de anoche, un grupo de miembros del llamado Frente Sandinista de Liberación Nacional irrumpieron a sangre y fuego en una fiesta que daba el Dr. José María Castillo Quant y señora, en su residencia de Los Robles de esta capital. Cerca de 10 facinerosos abrieron fuego", publicaría el diario somocista Novedades al día siguiente, el 28 de diciembre de 1974.

El grupo estaba integrado por 13 guerrilleros y se bautizó como "Comando Juan José Quezada". Sus miembros eran Eduardo Contreras, conocido con el alias de Marcos, pero que en esa ocasión se hacía llamar Cero por ser el jefe; Germán Pomares, Omar Halleslevens, Leticia Herrera, Hilario Sánchez, Javier Carrión, Joaquín Cuadra, Alberto Ríos, Róger Deshon, Hugo Torres, Olga Avilés, Eleonora Rocha y Félix Pedro Picado.

Omar Halleslevens, quien llegaría a ser jefe del Ejército y vicepresidente de la República, relataría años más tarde que Daniel Ortega siempre mantuvo comunicación con "la parte externa del Frente" y que se barajaron varias opciones de rescate. "En algún momento se pensó en aceptar la colaboración de algunos guardias somocistas que habían expresado su interés en ayudar, sin embargo era una decisión muy arriesgada, porque podía ser parte de una estrategia para asesinar a los compañeros encarcelados, opción que fue descartada de plano y finalmente se decidió por asaltar la casa de Chema Castillo", dijo en una entrevista al periódico oficialista El 19 Digital.

Cuando el comando entró a la casa de Chema Castillo, ya el embajador Shelton se había retirado de la recepción, pero encontraron a Guillermo Sevilla Sacasa, embajador de Nicaragua en Washington y cuñado del presidente Anastasio Somoza Debayle; Luis Valle Olivares, alcalde de Managua; Noel Pallais, embajador ante la OEA y Alejandro Montiel Argüello, entre otros. Chema Castillo fue muerto cuando salió de su cuarto armado con una escopeta en el momento que iniciaba el asalto.

Germán Pomares, el Danto, contaría más tarde en Panamá que a Castillo le tenían una cuenta que cobrar, porque durante un asalto al Banco Nacional, del que Castillo era presidente, un guerrillero cayó herido y, una vez en el suelo, Castillo lo castigó a patadas sin misericordia. "Nosotros sabíamos eso, y decíamos: 'Chemita' nos las debe, pero no hubo ninguna necesidad de ajusticiarlo porque él sabía que tenía una deuda grande con el FSLN", dijo Pomares.

En el comunicado difundido por todos los medios como parte de la negociación, los guerrilleros exigían la liberación de algunos compañeros presos, la entrega de cinco millones de dólares y un decreto de ley elevando el salario mínimo.

También pedían aumento del salario a los guardias rasos y el fin de la represión. Si no se cumplían las condiciones especificadas "en un plazo de 36 horas, o no están en vías de cumplirse, será ajusticiado el primer rehén; doce horas más tarde el segundo rehén y así sucesivamente", decía el comunicado.

Después de tres días de negociaciones, en los que el arzobispo de Managua, monseñor Miguel Obando y Bravo, sirvió como mediador, los guerrilleros consiguieron de Somoza, además del impacto propagandístico, un millón de dólares de los cinco que pedían y la liberación de 14 guerrilleros, entre quienes estaba el "Grupo de los Ocho": José Benito Escobar, Daniel Ortega, Lenín Cerna, Jacinto Suárez, Julián Roque, Óscar Benavides, Manuel Rivas Vallecillo, Carlos Guadamuz, Jaime Cuadra Somarriba, Adrián Molina, Carlos Argüello Pravia, Daniel Núñez y sus dos hermanos, Alfonso y Alberto.

Aquí se produjo un suceso que pertenece a la historia negra del Frente Sandinista. Uno de los prisioneros a rescatar era Leopoldo Rivas. Sucede que José Benito Escobar, el que hacía las veces de jefe de los "policarpos", un tipo de carácter fuerte, tenía cierta hostilidad hacia Rivas. Leopoldo Rivas además era cuñado de Silvio Peña, un tipo ligado a la Seguridad somocista y quien años más tarde participaría en el asesinato del periodista Pedro Joaquín Chamorro. Por conexión, él empezó a verse como sospechoso sin que hubiese indicio alguno de deslealtad.

Cuando la fila de presos a rescatar va saliendo, José Benito Escobar le dice a Rivas:

—Vos te quedás.

—No jodás, cómo me vas a dejar aquí.

Todavía un guardia, de los que habían hecho amistad en la cárcel, intercede por Rivas:

—Llévenselo, que aquí lo van a matar.

—No, te quedás —sentenció Escobar, quien aparentemente ya había recibido órdenes sobre eso.

De esta forma Leopoldo Rivas se quedó en la cárcel y solo fue rescatado cuatro años más tarde cuando otro comando del Frente Sandinista se tomó el Palacio Nacional y pidió de nuevo la liberación de sus presos. Y todavía en esa ocasión con reservas.

—Lo sacamos, lo investigamos y si es culpable lo matamos, pero adentro no se queda —le habría dicho Dionisio Marenco a Oscar Pérez Cassar, para convencerlo de incluir a Leopoldo "Polo" Rivas en la lista a rescatar.

"Polo era amigo mío desde la universidad", dice Marenco. Rivas fue rescatado en agosto de 1978 y el Frente Sandinista reconocería como infundadas las sospechas que sobre él tuvieron algunos dirigentes. "Después, el Frente, en un acto de reconocimiento, le entrega la orden Carlos Fonseca, la primera, después del triunfo de la revolución. Leopoldo Rivas, trabaja en el Hospital Militar. Fue ministro de Telcor. Es el preso histórico más famoso", dice Marenco.

Otro preso que dejó en la cárcel el rescate sandinista fue René Núñez, el presidente de la Asamblea Nacional fallecido en 2016. "René Núñez no fue incluido en la lista porque nunca supimos que había caído preso mientras estábamos en la casa de Chema Castillo. Según Carlos Núñez, su hermano, monseñor Miguel Obando no pasó la información que le hicieron llegar, para que este nos la transmitiera", explica el general en retiro Hugo Torres, uno de los miembros del comando.

En las últimas horas de 1974, Daniel Ortega, el preso No. 198 de La Modelo, saldría de Nicaragua por el Aeropuerto Las Mercedes, hoy Augusto C. Sandino, rumbo a Cuba junto con otros 13 prisioneros sandinistas. Nunca más volvería a estar prisionero. Al menos en una cárcel.

"Dos o tres días más tarde todo había terminado y salimos de la prisión. Eso fue el día 30 por la mañana, cerca del mediodía. Nos subieron a los buses junto con los guardias. Algunos de ellos que se habían convertido en nuestros amigos decían que querían irse con nosotros, porque habían estado trabajando con nosotros. Les dijimos: 'No pueden hacer eso, tienen que permanecer aquí. Aquí serán más útiles'. Para entonces, yo había estado en la cárcel durante siete años... y un mes".

El Grupo de los Ocho

*"De ustedes depende. O
aprendemos a pelear como equipo,
o perderemos como individuos".*
Un domingo cualquiera, 1999

E n la cárcel nacería el llamado Grupo de los Ocho. Ocho personas que permanecerían juntas en prisión la mayor parte del tiempo y de donde saldrían algunos de los que se consideran "verdaderos amigos" de Daniel Ortega, un personaje sombrío y de pocas amistades. Los ocho son: Daniel Ortega y José Benito Escobar, quienes figuraban como líderes; Manuel Rivas Vallecillo, Lenín Cerna, Carlos Guadamuz, Jacinto Suárez, Julián Roque y Óscar Benavides. Solo cinco de ellos verían el triunfo en 1979, y uno de ellos, Carlos Guadamuz, sería asesinado años más tarde en un capítulo que relataremos con detalle más adelante.

Carlos Guadamuz Portillo fue uno de los amigos más íntimos de Daniel Ortega Saavedra. "Una amistad de sangre", proclama en una entrevista en enero del 2000, en la que hablamos ampliamente de sus inicios en el Frente Sandinista, sus años de cárcel, las torturas, su paso como paciente del Hospital Psiquiátrico, el frustrado asalto a un avión en que iba disfrazado de mujer y, por supuesto, su histórica amistad con Ortega, que para ese tiempo ya estaba hecha añicos.

"Nosotros nos criamos en el barrio San José", dice. "Mi familia, mi abuelita y mi tía trabajaban frente a la iglesia San José. Yo pasaba todo el día en esa casa porque era una pulpería enorme. Ellas eran empleadas domésticas. Los Ortega vivían a la cuadra, en la colonia Somoza y llegaban mucho a esa pulpería".

Carlos Guadamuz y Daniel Ortega tenían la misma edad y es lógico que se encontraran en esos barrios de la vieja Managua, donde los niños se divertían en las calles, jugando a los trompos, las canicas, el bendito "escondido" y el "omblígate".

A los 15 años, Guadamuz y Daniel Ortega deciden integrarse a la Juventud Patriótica Nicaragüense (JPN). El 21 de enero de 1960, Ortega, Guadamuz, Selim Shible y Edmundo Pérez caen presos por primera vez acusados de incendiar unos vehículos estatales y atentar contra instalaciones del Gobierno. Luego vendrían más carceleadas y la integración definitiva al entonces naciente movimiento guerrillero Frente Sandinista de Liberación Nacional. "A raíz de esa identificación política nos comenzamos a meter al Frente Sandinista. La primera carceleada que sufre Daniel la sufrimos juntos, la primera torturada la sufrimos juntos allá en los sótanos de la Casa Presidencial. Teníamos 15 años apenas", relató Guadamuz.

No es que uno fuera más que el otro, aclaró Guadamuz en esa entrevista. "Lo que quiero desvirtuar es que como que Daniel era la gallina y yo estaba bajo su ala. No, si comenzamos juntos esta lucha. El día que cayó preso Daniel caímos presos juntos. La primera acción guerrillera a la que se metió Daniel se metió conmigo".

Ya para los últimos años de la década de los sesenta, por diferentes razones, en diferentes fechas, muchos de los amigos de aquellos barrios de la vieja Managua van cayendo presos y ocho de ellos se mantendrían como un equipo, Guadamuz y Ortega entre ellos.

Carlos Guadamuz cae preso en 1969, después de un peliculesco pero frustrado secuestro a un avión que pretendía desviar hacia Cuba.

Al oficial de la Guardia Nacional, Bernardino Larios Montiel, le llamó la atención la señora corpulenta y vestida de negro que parecía discutir con la aeromoza en el pasillo del avión que despegaba esa tarde del aeropuerto de Managua con destino a Bluefields. Larios viajaba para realizar un trabajo de ingeniería en una planta eléctrica de la ciudad caribeña y lo último que quería en ese momento era meterse en problemas. La mujer de negro entró a la cabina del piloto y la azafata corrió por el pasillo a la parte trasera del avión. Larios se levantó a ver de qué se trataba.

—¿Qué pasó, Lupe? —le preguntó a la aeromoza.

—¡Hay una mujer armada en la cabina!

Alarmado regresó a su asiento y le comentó lo que sucedía a Francisco Castillo, el chofer de un coronel que viajaba a su lado.

—No es mujer, es hombre —le dijo Castillo—, yo le vi las pantorrillas.

—Tenemos que desarmarla cuando salga de la cabina.

Al poco tiempo la "secuestradora" sale de la cabina y grita en el pasillo:

—¡Viva el Frente Sandinista!

Treinta años más tarde, siendo ya coronel GN en retiro, Bernardino Larios le diría al periodista Eduardo Marenco, de La Prensa, que ese "salir al pasillo" fue el gran error de Carlos Guadamuz, quien ese día, en solitario y disfrazado de mujer, trataba de secuestrar ese avión para desviarlo hacia Cuba.

"Cometió el error de salir de la cabina para gritar en el pasillo, con una pistolita cañón corto, tal vez una 22. En ese momento, yo cometo un error al tomar una revista para aparentar leer. Me dije, ¡qué estúpido que soy! ¿Quién va a aceptar que estoy leyendo? Y me veo el pantalón kaki. Me entró miedo porque si ese hombre sabe que yo soy militar, me mata. Eso definió toda mi situación porque en ese momento no tuve la menor duda de lo que haría. Él estaba a un metro de distancia mía, aunque yo lo veía como a un kilómetro. Hasta que me le tiré encima. Se produjo el primer disparo. Otros se le tiraron encima. Yo no le solté la mano con que él sujetaba la pistola, pero Guadamuz era más fuerte que yo y no se la pude quitar.

Los pasajeros se levantaron y le dieron una zurra de padre y señor mío, le quitaron los brasieres y todo. Él andaba pelón. El piloto le quitó la pistola. Lo amarramos. Y Carlos Molina le metió un balazo en la rodilla", relata.

—En ningún momento se rajó Guadamuz —reconocería, sin embargo, el coronel Larios.

Inicialmente el disfraz iba a ser de sacerdote. En esos años el clandestinaje era riguroso porque la Guardia mantenía una persecución implacable y era frecuente que los rebeldes usaran los más extraños disfraces o transformaran rasgos de su físico. Guadamuz cuenta las circunstancias que lo llevaron a ese frustrado secuestro del avión y luego a seis años de cárcel:

"En 1968 la Seguridad (somocista) arma una redada contra el Frente Sandinista, en diciembre. Cae preso un grupo grande. Queda solito como jefe del Frente en Nicaragua Julio Buitrago y él manda a reclamar que por qué toda la gente está en Costa Rica discutiendo mientras él está aquí solito con cuatro guerrilleros. Atendiendo el reclamo que hace Julio me mandan a mí de La Habana a Nicaragua con Enrique Lorente. En efecto, la guerrilla estaba en un estado muy lamentable. ¡La guerrilla en Nicaragua éramos seis nada más! Ahí es cuando la Guardia nos hace los quiebres famosos de Las Delicias del Volga. Ahí muere Julio (Buitrago). Cuando la Guardia va en camino a buscarnos a nosotros, llega Payín (Efraín) Sánchez y nos dice: 'Vámonos, que están a dos kilómetros los tanques'. A esa hora recogimos lo que pudimos y nos fuimos para León. Lo de aquí también se refleja en Costa Rica. En Costa Rica comienza otra redada, entonces la solución es que alguien vaya para Cuba para ver cómo se restablece la cosa, porque aquí el único que

55

quedó al mando fue Efraín Sánchez. Ahí es donde se decide que yo me vaya para Cuba".

—¿Usted solo? —le pregunté.

"No. Voy con otros compañeros. En el aeropuerto nos íbamos a juntar dos grupos. Uno que venía de León y yo que venía de Managua. Pero parece que el de León tuvo algún problema. Entonces me dice a mí la Olga López: 'O nos devolvemos o te vas. El problema es que si te vas te tenés que ir solo'. Pues me voy solo, le digo, pero esto no puede quedarse así. Lógicamente solo no podía hacerlo porque ya la Seguridad tenía sospechas de la intención de desviar un avión".

—¿Es cierto que para esa ocasión usted iba disfrazado de mujer?

—Sí, sí.

—Y he oído también que lo capturan precisamente porque no sabía manejar los tacones.

—No, no. El problema es que el disfraz iba a ser de sacerdote. Hay que ver que andar clandestino en Managua era terrible. Lo que pasa es que la Guardia andaba tras un sacerdote que me parece era de apellido Zúñiga, entonces descartamos el disfraz de sacerdote. Entonces disfrazate de mujer. ¡Para mí eso es babosada!

"Cuando tomo el avión salgo a donde están los pasajeros a informar que vamos para Cuba. Entonces viene el copiloto y me empuja y cuando yo me volteo para donde el copiloto con la pistola, un agente de la Seguridad comienza a disparar y me pega un balazo (en la pierna). Yo en los primeros momentos no siento el balazo, pero cuando me apoyo, caigo porque tengo la pierna quebrada por el balazo".

En la cárcel La Modelo se encuentra de nuevo con Daniel Ortega, quien es el preso 198 y está detenido desde noviembre de 1967. Varios compañeros de cárcel han dado testimonio del temple de Guadamuz, quien fue sometido a salvajes torturas sin delatar nunca a nadie. Jacinto Suárez relata, según la revista *Envío*, que desde la celda oían aullar de dolor a Guadamuz en la sala de tortura mientras le aplicaban el chuzo eléctrico y, de repente, entre los chillidos lastimeros soltaba vivas al Frente Sandinista. Tan crueles torturas sufrió que en varias ocasiones fue llevado desmayado al hospital para mantenerlo con vida.

Los ocho del grupo serían liberados, como se explicó, mediante el asalto que realizó el comando guerrillero Juan José Quezada en 1974 y enviados a Cuba junto con otros seis reos. En Cuba, sin sentirse vigilado ni perseguido, y con la posibilidad de moverse libremente, Daniel Ortega lejos de sentirse cómodo resiente su nueva vida.

"Tuve un tiempo muy difícil después de tantos años en prisión", diría en la entrevista a Dreifus. "En la cárcel, yo había desarrollado ciertos mecanismos de defensa para poder sobrevivir. Y de repente, yo me veo liberado de ese ambiente y tenía que adaptarme a una vida totalmente nueva... la libertad. Uno se encuentra de pronto en un ambiente donde no hay persecución, ni peligro... ¡y eso se siente tan extraño!"

El síndrome del prisionero que lo acompañaría el resto de su vida comienza a cobrarle factura.

"Ya en libertad, yo me sentía tenso. Sufría de claustrofobia. Si yo entraba a un cuarto, inmediatamente me quería salir de él. Si me subía a un carro, comenzaba a sentirme desesperado. Era como si la celda siempre estuviera conmigo. Durante meses, sufrí en esas condiciones. Luego logré sobrepasar esa situación".

Permaneció cerca de año y medio en Cuba. Durante ese tiempo recibió algún entrenamiento militar, se dedicó al trabajo político con el Frente Sandinista, estudiaba y escribía panfletos. En 1976 regresa a Nicaragua. Carlos Guadamuz se queda en Cuba porque se ha casado con una cubana y saldría de la isla hasta unos meses antes del triunfo, en 1979.

El resto de guerrilleros liberados mediante el asalto a la casa de Chema Castillo regresa pronto para reintegrarse a la lucha contra Somoza, incluso muchos de ellos mueren. Cuando Carlos Guadamuz sale de Cuba, se va a Costa Rica buscando siempre a su viejo amigo y camarada de lucha y prisión. Se instala en la casa de seguridad de una española conocida como María Segovia. Ahí se encuentra con Dionisio Marenco, jefe en ese entonces de la red de apoyo al Frente Sandinista en Costa Rica, y le pregunta por los hermanos Ortega.

—Daniel, ahí está el loco Guadamuz, acaba de venir de La Habana —avisó Marenco a Ortega.

—Nooo, ahí tenelo, que ni se te ocurra decirle donde estoy —respondería Daniel Ortega, según la versión de Marenco.

Lo llamaremos Camilo

"Mantén a tus amigos cerca,
pero a tus enemigos más cerca
aún". El padrino 2, 1974

E l año 1976 fue intenso. La reciente división del Frente
Sandinista en tres facciones o tendencias provocó un
fuerte y subterráneo cabildeo entre los dirigentes sandinistas en busca, por un lado, de los puntos de unión que
todavía existían con el propósito de recomponer la unidad que
tenían hasta antes de 1975, y por el otro, recoger para sus grupos la mayor cantidad de estructuras y fuerzas que la guerrilla
tenía para entonces.

La crisis en el Frente Sandinista se origina en la discusión
sobre los métodos de lucha que debían desarrollar para derrocar a Somoza. El asalto a la casa de Chema Castillo, aunque
técnicamente exitoso, puso en evidencia una división que ya

se venía gestando desde antes. Un grupo importante consideró que acciones como esa eran temerarias y obedecían al "aventurerismo político", y que a la postre hacían más daño que bien a la causa por la cantidad de muertos y presos que ocasionaba la represión subsiguiente que desataba.

"Desde 1968, estando en Cuba, surgen diferentes visiones de cómo derrotar a la dictadura somocista. Una propugnaba seguir con el foco guerrillero, tipo Pancasán, otros pensaban en un desembarco en la Costa Caribe, y la mayoría pensábamos que había que acumular fuerzas y ligarse al movimiento social. Esas corrientes estuvieron subyacentes entre 1968 y 1975", explica el sociólogo y veterano sandinista Oscar René Vargas.

En 1975 el Frente Sandinista quedó dividido en tres grupos, con sus propios métodos de trabajo, dirección y estructuras, que históricamente se registraron como "tendencias", eufemismo que buscaba suavizar la división que sufría:

1) La tendencia Guerra Popular Prolongada (GPP) que básicamente acogía la estrategia original del Frente Sandinista. Planteaba la lucha desde el campo y la montaña, para desde ahí avanzar hacia las ciudades. Sus principales dirigentes eran Pedro Arauz, Tomás Borge, Henry Ruiz y Bayardo Arce. Este grupo tenía el visto bueno de Cuba.

2) La tendencia Proletaria, que contrario a la anterior, consideraba que la revolución debía ser principalmente obrera, planteaban atentados y sabotajes como método de lucha y la preparación del proletariado como motor de la revolución. Sus cuadros eran Carlos Roberto Huembes, Jaime Wheelock, Luis Carrión y Carlos Núñez.

3) La tendencia tercerista o insurreccional, menos radical en cuanto a dogmas ideológicos pero más urgida de pasar de las palabras a los hechos. Planteaba que ya existían las condiciones para insurreccionar las ciudades e instalar un gobierno provisional para sacar del poder a Somoza. Sus representantes eran los hermanos Ortega, Víctor Tirado López y el costarricense Plutarco Elías Hernández.

Había un grupo que funcionaba como especie de bisagra para las partes, integrado por Carlos Fonseca, Eduardo Contreras y José Benito Escobar que buscaba recomponer el viejo y roto Frente Sandinista. Aun así ellos mismos no eran ajenos a la división, y Carlos Fonseca y José Benito Escobar se identificaban más con la GPP y Eduardo Contreras prácticamente era un tercerista cuando lo matan. A pesar de esas inclinaciones ellos tenían la ascendencia moral e histórica para negociar entre las partes en busca de la unidad. Fonseca y Contreras mueren el mismo día, por separado, en ese intento.

Los combatientes de base, ajenos a estas discusiones, terminaban quedando en la tendencia a la que se adscribía su jefe, sin poder escoger una u otra y sin siquiera estar claros por qué estaba sucediendo esa división. "Los comunicados eran violentísimos, algunos de los escritos son del propio Carlos Fonseca", recuerda Dionisio Marenco. Las contradicciones no llegaron al asesinato, pero Pedro Arauz y Tomás Borge conminaron a Leonel Espinoza, Jaime Wheelock y Luis Carrión a que se asilaran en la embajada de Venezuela para no fusilarlos "por divisionistas" y Carlos Fonseca expulsó del Frente Sandinista en 1975 a los hermanos Ortega y a Víctor Tirado López por las mismas razones.

Otro conflicto planteado era entre los sandinistas que estaban dirigiendo desde fuera de Nicaragua y los que estaban adentro, clandestinos. Este debate terminaría provocando la muerte del máximo dirigente del Frente Sandinista, Carlos Fonseca Amador.

"Yo estaba en la montaña y no aparecían por ningún lado, no mandaban recursos, y mandaban esquelitas 'hágase esto, haga lo otro'", dice Henry Ruiz. "Entonces la gente iba haciendo sus cosas. Se fue construyendo una nueva dirección, y tenían la contradicción normal de la lucha armada, pero la contradicción ¿ideay este huevón sigue allá? Estos huevones. No era la bronca contra Carlos (Fonseca), era con Pedro Antonio. Pedro Antonio era Humberto. ¿Quiénes son los que estaban poniendo el pellejo acá? ¿Me explico?"

Ruiz asegura que él estaba ajeno a la división. "Nosotros no participamos. La gente aquí no participó, la que estaba en el monte no participó. Además, yo era muy, muy jodido, severo: el que llegara a hablar de división lo fusilaba. Y eso no era broma".

Ese 1976 Daniel Ortega dejó Cuba, donde se había refugiado desde su rescate de la cárcel, y entró clandestino a Nicaragua. De hecho, entró varias veces ese año, junto con otros compañeros, en búsqueda precisamente de la conexión con la montaña, con el propósito de convencer a esa parte que se mantenía apegada a la vieja estrategia del Frente Sandinista, de unificar un nuevo método de lucha. En enero entró por primera vez. También llegaron Humberto Ortega y Eduardo Contreras.

Este periodo lo describe la comandante Leticia Herrera, una de los integrantes del comando Juan José Quezada que asaltó la casa de Chema Castillo en diciembre de 1974, en sus memorias *Guerrillera, mujer y comandante de la revolución sandinista*:

"Cuando entra Daniel, dice que va a tomar posesión de trabajo de Managua y Eduardo también. Y ellos vuelven a retomar lo de la división de Managua: crear el sector occidental y el sector oriental. Lógicamente, Eduardo conocía bien Managua, se movía con más facilidad, pero Daniel, que estuvo más de siete años preso —en ese lapso se dio el terremoto de Managua que lo transformó todo— ya no se orientaba en Managua. Por eso disponen que yo me vaya a trabajar para Managua y paso a trabajar con él, porque yo conocía todo Managua, conocía también el trabajo que se había hecho, y conocía a la gente, conocía estructuras y conocía casas, y también me conocían a mí los compañeros".

"De esta forma me convierto como en el lazarillo de Daniel, en el sentido de la introducción y posicionamiento en el trabajo, pero también en la movilización para efecto de seguridad personal de él. De esta forma, me empiezo a vincular con Daniel, aunque ya nos habíamos conocido en Cuba, pero ahí es cuando entro ya en contacto directo con él, a trabajar directamente con él".

Daniel Ortega, que no terminó de acostumbrarse a la libertad que tenía en Cuba después de sus años de prisión, dice sentirse extrañamente bien de regresar al clandestinaje y a estar encerrado por días en cuartos diminutos.

63

"Cuando regresé a Nicaragua secretamente, en 1976, todos los mecanismos de defensa que yo había desarrollado en la vida clandestina comenzaron a activarse de nuevo", dice Ortega a *Playboy*. "Y fue entonces cuando me sentí bien. ¡Me sentí formidable! Desapareció la claustrofobia, todo lo demás desapareció. Acostumbraba permanecer en los barrios de Managua, pasaba días y días en cuartos diminutos, solamente en ropa interior porque hacía tanto calor... trabajaba, elaboraba mensajes, comunicaciones, salía por las noches a establecer mis contactos, sostenía reuniones. Había presión por parte de la Guardia Nacional que pasaba cerca, de las fuerzas de seguridad que vigilaban el área. Yo me movía de barrio en barrio, de un lado a otro. Algunas casas de seguridad caían. Teníamos que encontrar lugares para escondernos. Se daban batallas y algunos compañeros caían. Pero me sentía cómodo, me sentía bien. Me sentía muchísimo mejor que cuando había estado en completa libertad".

El siete de noviembre de 1976 fue el día negro del Frente Sandinista. Ese día mueren en un enfrentamiento con la Guardia Nacional, por el sector de Satélite de Asososca, Managua, Eduardo Contreras, Silvio Reñazco y Rogelio Picado. Posteriormente, con la información obtenida por los documentos de los sandinistas fallecidos, los guardias montan una celada y horas más tarde matan a Carlos Roberto Huembes. Y por si aún no fuera suficiente, esa mañana en la región de Zinica, Matagalpa, muere en combate desigual Carlos Fonseca Amador, quien a pesar de su edad y todas sus limitaciones físicas, se introdujo en la montaña buscando contacto con la guerrilla profunda, presionado por aquellos que criticaban a los que dirigían la lucha desde afuera.

Daniel Ortega y Leticia Herrera se vuelven a encontrar en agosto de 1977, cuando se constituye, con más pompa que recursos, el llamado Frente Norte Carlos Fonseca Amador, con miras a la gran ofensiva que se andaban entre manos los hermanos Ortega. Tanto Daniel Ortega como Leticia Herrera forman parte de la columna guerrillera que combate con la Guardia Nacional el 13 de octubre, en la hacienda San Fabián, cerca de Ocotal, en un episodio que contaremos posteriormente. "Nosotros, es decir Daniel Ortega y yo, estuvimos agosto, septiembre, octubre, noviembre, diciembre de 1977, y enero, febrero de 1978, en las columnas del Frente Carlos Fonseca", relata Herrera en sus memorias.

En febrero, Leticia Herrera se va a Tegucigalpa. Tiene seis meses de embarazo. Daniel Ortega se mueve entre Tegucigalpa y San José.

El 26 de febrero de 1977, la guardia somocista mata a Camilo, el menor de los Ortega Saavedra, en Los Sabogales, Masaya, y esa muerte determinaría el nombre del hijo de Daniel Ortega y Leticia Herrera que estaba por nacer.

"Antes del nacimiento de Camilo, me comunico con doña Lydia, la mamá de Daniel que está allá en San José, para darle las condolencias por la muerte de su hijo Camilo. Lo único que se me ocurrió para darle las condolencias fue decirle que Camilo no había muerto, y que el hijo que iba a tener iba a reponer a Camilo. Y por eso fue que tanto ella como Germania, su única hija mujer, asumieron tan bien a Camilo", dice en el libro citado.

En los últimos días de su embarazo, Leticia Herrera viaja a Panamá y de Panamá a San José, Costa Rica, donde nace el niño el 15 de junio de 1978.

Este es el único hijo de Daniel Ortega públicamente aceptado fuera de la relación con Rosario Murillo, a pesar que en numerosas ocasiones se le han atribuido hijos de otras relaciones clandestinas, que generalmente no pasan del rumor entre personas cercanas a Ortega. Sin embargo, el caso más sonado lo expuso el Diario Las Américas, de Miami. Una serie de trabajos de la periodista Judith Flores indican que el presidente de Nicaragua "sostuvo una relación extramarital con una menor de 15 años en 2005 y de esa unión nació una niña", según denunciaron familiares de la joven en Miami. La joven se llama Elvia Junieth Flores Castillo, y la niña bautizada como Camila habría nacido en 2011. Según el diario, "el conflicto entre la familia Flores Castillo y Ortega se habría agudizado cuando el presidente sandinista no admitió la paternidad de la hija". En cambio, Néstor Moncada Lau, secretario personal de Ortega, aparece en los documentos legales como el padre de la menor.

Leticia Herrera permaneció solamente dos meses con su hijo Camilo y luego se integró al Frente Sur. Participó en la primera incursión que hizo la guerrilla en agosto del 1978 desde Costa Rica, en una columna dirigida, según explica, por Daniel Ortega, Víctor Tirado y Edén Pastora. La ofensiva se suspende, dice Herrera, porque aunque estas columnas estaban mucho mejor equipadas en armamento que la del Frente Norte del 77, sus miembros no tenían las condiciones físicas para el combate, y deciden regresar a Costa Rica.

Esa última acción marca la separación entre Leticia Herrera y Daniel Ortega. "En esas circunstancias, realmente era bien poco lo que yo podía hacer, y le pido al comandante Tirado que me saque de ahí. Pero además ya incidían cuestiones personales. En ese momento Daniel Ortega ya anda en otras lides". Y esas otras lides que menciona Herrera en su libro, cuyo ingreso a Nicaragua fue prohibido por el gobierno de Daniel Ortega, tienen nombre y apellido: Rosario Murillo Zambrana.

Rosario Murillo

*"De todos los cafés del
mundo, ¡ella entra al mío!"*
Casablanca, 1942

A mediados de 1977, Rosario Murillo visitaba la casa natal de Simón Bolívar, en Caracas, Venezuela, cuando para su sorpresa se encontró con un viejo conocido, que pronto sería trascendental en su vida. Ella salía, embarazada de su hijo Carlos (Tino) y Daniel Ortega, entraba, de botas vaqueras, flaco y bigotudo, acompañado de un chele, catrín y camiseta Lacoste amarilla: Herty Lewites. Años más tarde, Murillo recordaría de Ortega "su flacura, su magnetismo, para mí electrizante" y la mala espina que le dio Lewites con "su insólito look de playboy en declive".

Tiempo y espacio coincidieron. La Casa Museo es un edificio pequeño, de apenas 23 metros de frente y 60 metros de fondo. Una vieja casa medianera del siglo XVIII, con sus patios, corredores y caballerizas que quedó tragada por la populosa

EL PRESO 198. UN PERFIL DE DANIEL ORTEGA

Caracas de la actualidad, entre las esquinas de San Jacinto a Traposos en la Parroquia Catedral de Caracas. Ahí nació, el 24 de julio de 1783, Simón José Antonio de la Santísima Trinidad Bolívar y Ponte Palacios y Blanco, mejor conocido como Simón Bolívar, y se volvería La Meca venezolana de los revolucionarios que quieren ver en Bolívar el antecedente de sus luchas actuales.

"Conocí a Herty Lewites cuando reencontré a Daniel. O sea que Herty para mí es algo así como un padrino de bodas", relató Murillo en una carta manifiesto publicada por diferentes medios y fechada el 22 de mayo de 2004. "La voz del corazón nos juntó, sin preparativos ni advertencias, en una ciudad inmensa, de millones y millones de habitantes, sin programa, sin cita, sin cálculos, sin conocimiento, ni del uno, ni del otro, que nos ignorábamos, entre ese hormiguero humano de la Venezuela de oro y petrodólares, de los setenta".

Daniel Ortega y Rosario Murillo eran en realidad viejos conocidos de los barrios vecinos San José Oriental y San Antonio, de la vieja Managua. Conocidos, no amigos. Murillo pertenecía a una familia relativamente adinerada, dedicada al cultivo del algodón por el sector de Tipitapa; mientras los Ortega Saavedra eran una familia trashumante que se asentaba en cuartos y casas alquiladas, en dependencia de los trabajos que consiguiera don Daniel Ortega Cerda. Rosario Murillo sostuvo una relación muy cercana con Camilo, el hermano menor de los Ortega Saavedra, con quien compartía una edad similar, la pasión por la poesía y la protesta revolucionaria. Ambos fueron miembros fundadores de un movimiento artístico llamado Gradas porque se expresaba, ya sea con poesía, pintura o canto, principalmente en las gradas de las iglesias.

Se dice que "todo nicaragüense es poeta mientras no se demuestre lo contrario". Daniel Ortega es una prueba. Durante los años de cárcel tuvo una discreta faceta de poeta. Sus poemas son poco conocidos porque ha tenido hacia ellos una actitud modesta-vergonzante y ha evitado su publicación hasta donde ha podido. En 1986 el Ministerio de Cultura publicó una selección, de poesía política nicaragüense en la que se incluyó a Ortega. Este es uno de sus poemas en que retrata las torturas y vejámenes en la cárcel:

Patealo así, así
en los güevos, en la cara
en las costillas.
Pasá el chuzo, la verga de toro,
hablá, hable hijueputa,
a ver el agua con sal,
hablaaaaá, que no te queremos joder...
—Honorabilísimo y Reverendísimo
arzobispo,
Excelentísimo e Ilustrísimo
embajador.
La paz, el respeto a la persona,
la abundancia, la democracia.
Apriétenle las esposas
métanlo en la Chiquita
te vas a comer tu propia
mierda cabrón.
—La cucaracha, la cucaracha
ya no puede caminar
porque le falta, porque le falta
una pata para andar.
(En La Prisión, Daniel Ortega, sin fecha, fragmento)

O el bajo mundo que conoció:

Si me das comida me culiás
por tres cigarros la mamo
La luna, los lirios, dios,
el poeta apolítico.
(...)
—Ayer hubo vergueo
en la montaña,
—hablá más bajo,
la cosa está pegando.
Vinieron unas jañas
pijuditas a visita,
no conocimos
a Managua en
minifalda.
(En La Prisión, Daniel Ortega, sin fecha, fragmento)

En el escribir y leer poesía se reencontró con aquella niña del barrio San Antonio. "Fue a través de La Prensa", diría Ortega a la periodista Helena Ramos. "En la cárcel, nos tenían aislados, estaba prohibido leer periódicos, todo... Eso nos obligó a hacer muchas huelgas de hambre, una duró hasta 45 días. Lográbamos meter el periódico a escondidas. A distancia, fui conociendo a Rosario, porque ella escribía en La Prensa, era poeta. A mí también me gusta escribir; entonces, hubo una afinidad, yo le mandaba algunos poemas".

Daniel Ortega recordaría en ese encuentro en Venezuela, uno de los poemas que Murillo le dedicaría cuando estaba en la cárcel, como un acto premonitorio:

A Daniel
Y este también sos vos.
Este vaso, esta canción, esta
vieja fotografía de niño,
este anillo de bachillerato,
estas cartas desde la cárcel,
el recorte del diario donde
aparecía la denuncia,
tus torturas, tu foto.
(El reencuentro, Rosario Murillo, sin fecha)

"La encontraba interesante", confesó a la revista *Playboy*. "Rosario era justamente una de las varias mujeres que estaban haciendo un llamado de atención a los problemas del machismo que imperaban en nuestra sociedad. En lo que a mí mismo respecta, diría que en esa época yo estaba desarrollando una actitud consciente en términos de mi lucha contra mi propio machismo y por esa razón especial, tal vez es que la poesía de las mujeres ejercía en mí un impacto fuerte".

La relación durante esos años fue meramente epistolar e intelectual, pues Murillo ya era colaboradora del Frente Sandinista y cualquier visita a la cárcel la hubiese expuesto como objetivo ante la Oficina de Seguridad Nacional. Doña Lydia Saavedra, madre de Daniel, fue el puente para ese intercambio de cartas y libros. Una vez que Daniel Ortega sale de la cárcel hacia Cuba, pierde contacto con Murillo hasta aquel encuentro con que inicia esta relación de amor y poder que se dio en Caracas, Venezuela, ella embarazada y él de look vaquero, en la casa natal de Simón Bolívar.

En ese momento, Rosario Murillo era la pareja de Carlos Vicente "Quincho" Ibarra, a quien conocía desde que fueron vecinos en León. Ella, además del embarazo, con dos hijos de la mano, llegó junto a Ibarra a Venezuela como asilada política, porque Ibarra era el responsable regional del Frente Sandinista en Managua, y presionado por las difíciles condiciones del momento abandonó su cargo y buscó asilo con Murillo en la embajada de Venezuela en Managua. Luego salieron de Managua a Panamá y de Panamá a Venezuela. Después de una corta temporada en Venezuela, la familia se trasladó de nuevo a Panamá. Ahí, en una situación precaria, fue rescatada por Gioconda Belli y finalmente recaló en Costa Rica, donde se reencuentra con Daniel Ortega ese mismo año.

En la entrevista de Helena Ramos, el propio Ortega explica cómo enamoró a Murillo: "Soy de pocas palabras, soy más bien de acción. Hay una comunicación que es más importante, más fuerte y más profunda que la comunicación de las palabras, que es la de los ojos. Te llevan a un acercamiento y las palabras llegan después".

Rosario Murillo tiene su propia tragedia. Resultó embarazada y se casó a los 15 años. A los 16 nació su primera hija, Zoilamérica y tres meses después quedó nuevamente embarazada de su hijo Rafael. Antes de cumplir 20 años ya tenía tres hijos, algo que forma parte del drama de este país marcado por los embarazos precoces. Al primer embarazo, su madre, doña Zoilamérica Zambrana, la echó de la casa "por loca", y le quitó a sus hijos. No permitía siquiera que los amamantara porque en medio de sus fuertes creencias espiritistas decía que la leche de Murillo "era mala" y no quería que contaminara con ella a sus nietos. De hecho Rosario Murillo solo se hace cargo de sus hijos abruptamente hasta 1972, cuando su madre muere en un accidente.

Hasta los 12 años, Zoilamérica creyó que su padre era el periodista Anuar Hassan. Los dos hijos mayores de Rosario Murillo, Zoilamérica y Rafael, son resultado del matrimonio temprano con Jorge Narváez Parajón.

Rosario Murillo nació el 22 de junio de 1951 en Managua, en el barrio San Antonio, de La Hormiga de Oro, una cuadra al sur y media abajo, en esos barrios de la vieja Managua que se tragó el terremoto del 72. Su familia vivía con cierta holgura, pues su padre, Teódulo Murillo, era un conservador chontaleño dedicado al cultivo de algodón, y su madre, Zoilamérica Zambrana, descendía de la rama familiar acaudalada del general Augusto C. Sandino.

Por sobre sus otras tres hijas, don Teódulo adoraba a Rosario por la inteligencia que mostraba. Se sentía orgulloso de su hija que pronto demostró tener interés por los libros y la poesía, a tal punto que a los once años la envía a Europa a ella y a ninguna otra de sus hijas, para estudiar un secretariado ejecutivo en Inglaterra y Suiza. Aunque no fuese una carrera universitaria, el curso le proporciona un bagaje cultural importante, pues no solo le da la experiencia de conocer la vida europea de esos intensos años sesenta sino también aprender otros idiomas, inglés básicamente y algo de francés.

A su regreso a Nicaragua, sin embargo, siendo una niña se embaraza y se casa a los 15 años con Jorge Narváez Parajón.

75

Al año siguiente se embaraza de su segundo hijo, Rafael, y así embarazada, y con la preparación obtenida en los cursos europeos, llega en 1968 al Diario La Prensa para cubrir la vacante que había dejado una muchacha en el cargo de secretaria-asistente del doctor Pedro Joaquín Chamorro Cardenal.

Al periodista nicaragüense de ascendencia palestina, Anuar Hassan, le llamó la atención la nueva muchacha que llegaba embarazada. Hassan trabajaba en la redacción de La Prensa, principalmente dedicado a la nota roja. "Era muy bonita, muy bonita y sobre todo muy modosa. Sus gestos, su sonrisa, amabilísima. Un encanto era", dice casi medio siglo después, sentado en una mecedora en el porche de la misma casa de Los Robles, Managua, donde vivió con ella. Tiene 77 años y todavía se le hacen agua los ojos al recordarla.

Esmeralda Cardenal también la recuerda a su llegada a La Prensa. "Fuimos muy buenas amigas", dijo a la revista *Magazine*. Relató que Murillo le contó las peripecias de su vida. Cómo la habían mandado a estudiar a Europa y que cuando tenía 15 años vino a Nicaragua para pasar vacaciones. Pero conoció a Jorge Narváez y salió embarazada. Que ella no lo quería. No se quería casar con él, pero su mamá la obligó. Su mamá fue a hablar con un sacerdote de la iglesia San Antonio y el padre le dijo: "No los obligue si no se quieren". La mamá insistió y la casó.

El matrimonio no funcionó y se separaron, pero doña Zoilamérica Zambrana, su madre, insistió en volverlos a juntar y así nació el segundo hijo del matrimonio, Rafael. Las cosas siguieron sin funcionar. La pareja se separó y Murillo buscó trabajo en La Prensa. "Era otra persona. Era muy amigable, servicial, trataba de ayudar a los poetas, pintores, tenía mucha influencia con Pablo Antonio y Pedro Joaquín", relató Cardenal.

En esas confianzas estaban cuando, según Cardenal, Murillo le dijo que estaba enamorada de un periodista de la redacción. Cardenal le recomendó una bruja que había estudiado en la India y vivía en San Isidro de la Cruz Verde, cerca de Managua y que vendía perfumes para realizar sortilegios de amor a los amantes desesperados. "Me dijo que la llevara", dice, y Murillo compró un frasco de ese perfume.

Anuar Hassan dice no saber nada sobre ese relato de Cardenal y que se enteró de esa conversación hasta que salió en la revista *Magazine* hace pocos años. "Lo que salió en La Prensa es lo que sé yo", dice, aunque asegura que no la veía en ese entonces como alguien muy dedicada a lo esotérico, a diferencia de doña Zoilamérica Zambrana, la madre de Rosario. Hassan incluso recuerda alguna vez que llegó a leerse las manos a una casa de El Crucero que su suegra conocía.

—Aquí la raya se corta, pero sigue —le leyeron en la palma—, ahí vas a tener algo que va a poner en peligro tu vida, pero va a continuar.

"La mamá (de Rosario) sí era muy dada a eso. Y a la güija. Se reunía con una señora y practicaba la güija. Entonces la señora decía que Sandino estaba ahí, que Sandino se expresaba por su medio", dice Hassan.

La relación con Murillo —recuerda Hassan— comenzó cuando ella llegó a La Prensa en 1968. "Me llamó la atención, vi a la nueva secretaria de Pedro, porque llegó en sustitución de otra muchacha, otra secretaria. Andaba embarazada. Pasó el tiempo, pues. No sé por qué renació algo y entablé relación con ella, primero por dentro de la redacción por teléfono, algunas llamadas para algo y me iba con ella a su casa porque de La Prensa a la casa de ella eran como cinco cuadras. La iba a acompañar, la dejaba. Y, así pues, ya inicia el noviazgo".

A los pocos meses de aquella conversación de sortilegios de amor, Esmeralda Cardenal fue invitada a la boda de Murillo y Anuar Hassan. Cardenal cree que fue el perfume, pero como en esto de la magia negra nada es gratuito, al cabo de un año a Rosario le sobrevinieron desgracias por los favores que recibió. "Cuando se le terminó el perfume, vino el terremoto (Managua, 1972). Se le cayó su casa. El niño que tuvo con Anuar se le murió. Perdió todo lo que el perfume le dio en un año. Se le acabó la magia y ella quedó desbalanceada por todo lo que le había pasado. Nunca recobró la cordura", sentencia Cardenal. Unos meses después de la muerte de su hijo, murió su mamá, doña Zoilamérica Zambrana.

Si se ven las fechas, cuando Murillo inicia la relación con Hassan estaba saliendo de su matrimonio con Narváez, el padre de sus dos primeros hijos. "No sé si fue a raíz de la relación conmigo, que inició el proceso de divorcio de Jorge Narváez", dice Hassan. "Así pasaron varios meses, porque se tardó, en aquel tiempo, cuando no había divorcio unilateral, tenías que pelear y todo. Ya cuando se declaró divorciada, yo me casé con ella en el 69. Y bueno, nos vinimos a vivir aquí, a esta casa precisamente, a finales del 69 con los dos niños. Ya había nacido Rafael Antonio. Pasamos así, una pareja más o menos sin problemas. Ni económicos ni de ningún tipo, hasta que hubo algunas cuestiones ahí, discusiones. No me gustaron algunas situaciones de ella. Y ya como para el 70 y, a mediados del 72, me separé, nos separamos, como en agosto o septiembre".

A raíz de la separación, el niño que procrearon, Anuar Joaquín Hassan Murillo, pasa a vivir con los padres de Murillo. A las 00:35 de la madrugada del 23 de diciembre de 1972 un terremoto de magnitud 6.2 en la escala Richter destruyó Managua en 30 segundos. La casa de dos pisos de don Téodulo y doña Zoilamérica se vino abajo. Una pared le cayó al bebé Hassan Murillo. Fue el único muerto en esa casa. Tenía un año y medio de vida.

"Ella (Rosario) había alquilado otra casa. Vivía aparte. Aparentemente no se enteró en el momento de lo que había ocurrido con el niño. Lo fuimos a enterrar a Nagarote que de ahí procede la familia de mi mamá, nagaroteña. Y después de eso, una o dos veces vino aquí a visitarme. Salía a hablar con ella en el carro. Hablar tonterías. Y en los últimos 40 años no he tenido ninguna relación con ella. De ningún tipo. Ni por teléfono", dice Anuar Hassan, ya retirado del periodismo.

—¿Usted la quiso? —le pregunto.

—Sí, mucho, pero no me daba cuenta —responde y hace una larga pausa—. Ahora caigo a la cuenta que nunca la llamaba por su nombre. Solo le decía: "Mirá vos…"

San José, San José

"Siempre nos quedará
*París". **Casablanca, 1942***

San José, la capital de Costa Rica, se convertiría en los últimos años de la década del 70 en un punto de encuentro de muchas personas ligadas al Frente Sandinista, lugar de negociación política y puesto de mando del tercerismo en la guerra.

Sergio Ramírez se encontró por primera vez con Daniel Ortega en San José, en abril de 1977. "Yo sabía quién era Daniel Ortega porque recordaba los periódicos del juicio que le hicieron cuando lo condenaron a prisión". Esas fotografías yo las tenía muy presente y me llamaba la atención que el juicio hubiera tenido lugar en el Palacio de Justicia que Somoza había hecho construir donde ahora está la Medicina Legal, era un palacio de mármol", dice. "Recordaba las fotos de Daniel compareciendo ahí. Yo había leído de él ese poema acerca de

las minifaldas. Dice más o menos 'pasaron de moda las minifaldas y yo nunca las vi'. Como un epigrama. Tenía esas refe-
rencias visuales". Una vez que lo conoció y empezó a tratarlo le
pareció "un hombre bastante retraído, sin ningún carisma para
comunicarse, para hablar, para encantar a la gente. No era un
líder que te atrajera. Era un hombre brusco, retraído, de pocas
palabras".

Daniel Ortega llegó a San José desde Honduras. Humberto,
quien permanecía en Costa Rica, le pidió a Ramírez que se
reuniera con su hermano Daniel. Para ese entonces, en el plano
militar, la fracción tercerista del Frente Sandinista planeaba la
llamada Ofensiva de Octubre del 77, y en el plano político se
gestaba lo que luego se conocería como Grupo de los Doce,
del cual Sergio Ramírez sería integrante, y lo manejaría con
Humberto desde Costa Rica. Ese día de abril, Ramírez se
encontró con Daniel en los Pollos Kentucky, carretera a San
Pedro, y de ahí se fueron a la casa de un colaborador llamado
Marcos Valle, donde tuvieron una larga conversación.

"Yo sabía donde vivía Daniel Ortega pero en su casa nunca
estuve. Donde Humberto sí, vivía en la casa de un panadero en
Pavas. Ahí nos reuníamos", dice Ramírez.

A Rosario Murillo, Sergio Ramírez la conocía porque ella
era secretaria de Pedro Joaquín Chamorro, el director de La
Prensa de Nicaragua. "Me pidieron que dirigiera el proyecto
de La Prensa Literaria Centroamericana. La revista se enviaba
armada a Managua, en Ticabus, se imprimía en Nicaragua y se
distribuía por toda Centroamérica. Un verdadero fracaso. La
revista no podía tener una circulación masiva".

Sergio Ramírez se volvió a encontrar con Daniel Ortega en Honduras, en la víspera de la ya mencionada Ofensiva de Octubre. Ramírez llegó a Tegucigalpa a depositar un dinero conseguido en Guatemala para el Frente Sandinista y quedó de verse con Ortega y Sinforoso Bravo, otro guerrillero, en la casa de seguridad del periodista hondureño Óscar Reyes, quien había trabajado en La Prensa en Managua. Ortega llegó de la calle disfrazado de estudiante universitario, recuerda Ramírez, con un cuaderno y un libro de clases. Después del encuentro, Bravo lo acompañó a tomar el avión hacia San José, en el aeropuerto Toncontín.

Se vuelven a reunir cuando ya había fracasado la Ofensiva de Octubre. Los guerrilleros sandinistas no lograron tomarse ni una sola de las ciudades que se propusieron pero habían provocado un efecto propagandístico importante al mostrar a una guerrilla viva y armada para el combate. El mismo Daniel Ortega participaría personalmente en una de las escaramuzas, en San Fabián, al norte de Nicaragua.

Daniel Ortega comienza a llegar con frecuencia a la casa donde vivía Murillo a finales del 77, pero al establecerse como pareja oficial meses más tarde, los cambian a un lugar más seguro en correspondencia con la jerarquía de Ortega. Ya es la etapa de la insurrección de septiembre del 78. Es la etapa posterior al asalto al Palacio. El Frente Sandinista se prepara para la ofensiva final y reestructura e intensifica las medidas de seguridad de sus dirigentes. A la nueva casa llegaban otros cuadros del Frente Sandinista, pero eran personas más cercanas a Ortega que a Murillo, como Víctor Tirado y Sergio Ramírez.

Octaviano César Aguirre era yerno del general Gustavo Guillén, un militar de carrera a quien no se le ligaba al genocidio somocista y cuyo nombre se propuso incluso entre los candidatos al estado mayor conjunto que debían formar algunos oficiales de la Guardia Nacional "no manchados de sangre" y los guerrilleros sandinistas en las negociaciones previas a la caída de Somoza. César Aguirre les propuso un fantasioso plan para acabar con Somoza. Cuenta Ramírez que Octaviano César ofrecía que su suegro podía organizar una conspiración militar, que incluía lanzar morteros contra la Loma, la residencia de Somoza. "El plan parecía sin pies ni cabeza, pero él te lo ponía racional. Y que uno de los altos militares involucrados iba a llegar a Caracas, para que Carlos Andrés (presidente venezolano entonces) pudiera dar respaldo a este plan. Y ahí nos veríamos".

Sergio Ramírez salió hacia Caracas desde San José y Daniel Ortega abordó el mismo avión en Panamá. Viajaron en asientos separados e hicieron como si no se conocían. En el aeropuerto de Maiquetía los esperaba un cubano anticastrista de los servicios de Inteligencia del presidente venezolano, en esos complicados enredos geopolíticos que se daban en ese tiempo. El cubano los llevó al hotel Hilton, el hotel más importante de Caracas, frente al Teatro Teresa Carreño.

Poco después llegó al hotel Octaviano César, tal como habían quedado, pero sin el alto oficial. "Dijo que no había podido llegar, que en Miami otro militar se había atrasado. ¡Puras excusas!", dice Ramírez. "Nosotros ya estábamos ahí y el cubano le dijo a Daniel que no saliera de la habitación. Daniel se quedó los cuatro o cinco días encerrado en el hotel. Ahí le llevaban las comidas. Ocupábamos la misma habitación. Yo

San José, San José

me iba a hacer las vueltas y él quedaba encerrado. Me fui con Octaviano a reunirme con el ministro de Defensa".

"Ahí entendí que a Daniel no le costaba quedarse encerrado", valora. "Yo me hubiera desesperado. Volvía a las cinco, seis de la tarde a contarle lo que había pasado y él estaba ahí, tranquilo. Siempre estaba haciendo ejercicios. Corriendo en punto fijo. Era como obsesivo con el ejercicio. Lo que yo veía ahí era un preso, un hombre que tenía la cultura del preso".

También descubrió el poco conocido sentido del humor de Ortega. Es un hombre capaz de reírse y de burlarse de la gente, de la formalidad, de la solemnidad, de los mentirosos, dice. En vez de molestarse con César porque los hizo perder el tiempo en un viaje tras un plan fantasioso, ambos se reían del talento de aquel en el arte de mentir y cómo estaba aprovechando los contactos que ellos tenían en Venezuela para abrirse puertas.

"Cuando yo iba a reunirme con Carlos Andrés Pérez, el último día antes de venirnos, me dijo Daniel, 'no dejés que Octaviano se vaya a meter a la reunión'. Pero él se me pegó. Yo le dije: 'Mirá esta reunión es privada'. 'No, no, yo aquí te espero', me dijo. Pero cuando sale Carlos Andrés a recibirme, en la antesala del despacho presidencial, él se mete a la reunión. Después nos reíamos de eso".

Gioconda Belli fue muy amiga de Rosario Murillo, pero la relación terminó mal. Belli, escritora y poeta nicaragüense, conoció a Murillo a principios de los años 70 cuando ella llegaba a dejar sus escritos a Pablo Antonio Cuadra en La Prensa y

Murillo era la secretaria del director, Pedro Joaquín Chamorro Cardenal. La recuerda como una mujer gordita, siempre ocupada. Algún día se encontraron en las compras del supermercado y Murillo le contó que estaba escribiendo poesía. Se acercaron más cuando ambas participaron en el grupo Gradas.

En 1975, a raíz de la división del Frente Sandinista en tres tendencias, Gioconda Belli le pidió a Murillo que escondiera en su casa a Leonel Espinoza, Jaime Wheelock y Luis Carrión, compañeros sandinistas que huían de Tomás Borge porque los quería obligar a asilarse y sacarlos del juego en medio de las pasadas de cuenta que provocó la división. Espinoza, Wheelock y Carrión cuestionaban las operaciones guerrilleras en la montaña, que era un lugar sagrado en la mitología revolucionaria. Cuestionar y desobedecer se consideraba una ofensa grave entre los militantes del FSLN. Borge y Pedro Aráuz —dirigentes que quedaron en facción original del Frente Sandinista, la GPP (Guerra Popular Prolongada)—, alertaron a la militancia de que debía entregar a cualquiera de ellos, relata Belli. Para ese tiempo Murillo ya estaba en su etapa hippie y vivía por el sector del puente El Edén, en Managua, en una casa tapizada de afiches de Janes Joplin y otros cantantes de la época, donde escondió a los perseguidos.

Un par de años más tarde, Gioconda Belli se exilió en Costa Rica. Durante un viaje a Panamá, una amiga le comentó que Murillo estaba en ese país y la estaba pasando mal. Había llegado ahí desde Venezuela con su pareja de ese momento, Carlos Vicente "Quincho" Ibarra, los dos hijos mayores, Zoilamérica y Rafael, y el 28 de agosto de 1977, nació, ahí en Panamá, Carlos, que luego sería conocido como Tino. Todos dormían

86

en un solo cuarto. Rosario Murillo le contó a Belli que estaba preocupada por su pareja, que parecía traumado por los acontecimientos que vivió en Managua que lo habían llevado a abandonar sus responsabilidades con el Frente Sandinista y buscar asilo en Venezuela.

"Entonces yo le ofrecí que se fuera para Costa Rica, que allí les ayudaríamos, que podía quedarse en mi casa para mientras. Ella me dijo que no querían nada con la política, que ella y Quincho querían irse a Francia a hacer cine", relata Belli. Así llegó Murillo a San José, Costa Rica, vivió un par de meses en la casa de Belli y se fue a otra casa una vez consiguió trabajo.

"No nos volvimos a ver por mucho tiempo. Le dijo a alguien que se había ido de mi casa porque yo no le daba de comer. ¡Falso! Me extrañó eso. Una vez hablé con ella por teléfono y ya era otra persona: malcriada, mandona, reclamando no sé qué cosas a la GPP después de la unidad del Frente. A Daniel yo no lo conocía, pero supuse que vivían juntos", relata Belli.

Zoilamérica Ortega Murillo, hija de Rosario Murillo, recuerda haber visto llegar a Daniel Ortega a finales del 77 por primera vez a la casa donde vivía con su madre y hermanos en San José, Costa Rica. Para ese entonces la familia Murillo vivía en la misma casa de seguridad donde se preparaba toda la propaganda internacional del Frente Sandinista. Desde ahí se divulgaban también las acciones de los guerrilleros en Nicaragua a través de las radios Liberación y Sandino. Se grababan los programas de radio y la propaganda gráfica se imprimía en un mimeógrafo. Era la oficina de propaganda internacional del Frente Sandinista. Entraba y salía gente todos los días por distintas razones, por lo cual la llegada de Ortega, en principio, no tuvo mayor significación. "Cuando nosotros salimos del país, ella (Rosario Murillo) está con (Carlos Vicente) Quincho Ibarra. Rompe en los primeros seis meses con Quincho Ibarra, y nos cambiamos de casa. En esa casa aparece Daniel", dice.

La salida de Ibarra y la entrada de Ortega en la vida de Rosario Murillo se dan, por decirlo así, vía disciplina partidaria. De repente el Frente Sandinista decide enviar a Quincho Ibarra a estudiar Cine a Cuba, y cuando regresa a Costa Rica ya estaba Daniel Ortega viviendo con Murillo.

Ortega está integrado a la familia Murillo. Se le pide a Violeta Murillo, hermana menor de Rosario, que se mueva de Nicaragua a Costa Rica para que cuide los niños, pues Ortega y Rosario Murillo comienzan a salir más a las actividades del Frente Sandinista en esa última etapa de la insurrección. Finalmente, la familia Ortega Murillo se traslada a una tercera casa de seguridad, más escondida, donde se hacen pasar por guatemaltecos. Se cambian todos los nombres y se advierte a los niños que no den detalle alguno en el colegio. Todo era para proteger a Daniel Ortega que en ese tiempo se identificaba con el alias de Enrique. Esa fue una etapa de mayor clandestinaje en Costa Rica. La tercera casa estaba destinada solo a la seguridad de Daniel Ortega y a su nueva familia.

Daniel Ortega se comportaba como una persona callada y aislada. Hablaba poco y en voz baja. Permanecía mucho tiempo en un mismo lugar, ya sea en algún área de la casa o en el cuarto. Comía solo y de pie, y después se iba sentar a algún rincón. Vivía pendiente de la radio. Ahí permanecía. Aún cuando había grupos de personas reunidas él no se integraba, más bien se aislaba. "Se desvelaba mucho, lo cual nos asustaba. Siempre estaba despierto de noche", recuerda Zoilamérica.

"Daniel Ortega no tenía el perfil de una persona que llamara la atención o que la vieras dando órdenes", dice Zoilamérica. "Ese perfil de jefe lo tenía más Humberto, el hermano, en esa oficina y ese lugar. Incluso don Víctor (Tirado) que ahí dormía mucho tiempo, era apartado pero afable. De esos que si pasabas a la orilla te decía: '¿Qué estás jugando?' O me contaba un cuento. Daniel no, él colocaba una barrera ante todo mundo. Prefería comunicarse con un solo interlocutor, a solas, como cuchicheando, pero no en grupo". Cambiaba de imagen frecuentemente. Se teñía el pelo en diferentes colores. A veces se lo alisaba y otras se lo encrespaba para pasar inadvertido en sus entradas y salidas a Nicaragua, ocasionales para ese entonces porque la mayor parte del tiempo permanecía en Costa Rica.

"Para nosotros era el nuevo amigo de mi mamá", dice Zoilamérica.

El ataque a San Fabián

*"Solo hay una persona que puede
decidir lo que voy a hacer, y soy yo
mismo".* **Ciudadano Kane, 1941**

Ese día 56,691 personas, de acuerdo con el conteo de tickets, seguían con el corazón en la boca el segundo juego de la Serie Mundial 1977 en el Yankee Stadium. Era 12 de octubre. Dodgers de Los Ángeles versus Yankees de Nueva York. En Nicaragua, a cuatro mil kilómetros de distancia, la familia Peralta, de Ocotal, se había reunido en una finca en la comunidad fronteriza de Las Manos para ver el partido en un pequeño televisor portátil. Llegaban a ese lugar buscando la altura que permitía ver con nitidez el Canal 5 de Honduras, que transmitía el juego.

Dispusieron bocadillos y una que otra botella de ron para seguir la formidable faena de Burt Hooton, el pícher de los

Dodgers, una cara conocida en Nicaragua pues había jugado con Estados Unidos durante el Mundial de Beisbol de 1972, realizado en Managua. Celebraron o sufrieron, según sus simpatías, cada uno de los cuatro jonrones de esa noche, bromearon, comentaron las jugadas y finalmente reconocieron con un "le hizo huevo el pícher" la labor de Hooton, quien se impuso 6-1 ante los Yankees. A las 9:00 de la noche se disponían a regresar a Ocotal y nada parecía presagiar la desgracia que los arrollaría pocos minutos después.

En esos momentos, una columna guerrillera del Frente Sandinista, compuesta por Daniel Ortega, Germán Pomares, Víctor Tirado, Joaquín Cuadra, Dora María Téllez y otros, bajaba desde Honduras y colocaba un retén frente a la hacienda San Fabián, otra propiedad de la familia Peralta, a unos cinco kilómetros de Ocotal, junto a la Carretera Panamericana. Y ya para la medianoche de ese miércoles, muchos de los que acababan de disfrutar el juego Dodgers versus Yankees en Las Manos se encontraban retenidos en la hacienda San Fabián; uno moría desangrado, otro estaba baleado en el estómago y moriría al día siguiente, y para todos ellos comenzaba una pesadilla que hasta el día de hoy recuerdan con agua en los ojos.

A lo que sucedió ese día el Frente Sandinista le llama la Gesta de San Fabián. En realidad, los combates de San Fabián se dieron por accidente. El objetivo de la columna compuesta por unos 40 guerrilleros del denominado Frente Norte Carlos Fonseca Amador, que bajó desde Honduras, era la toma del cuartel de Ocotal la madrugada del jueves 13 de octubre.

Dora María Téllez, una de las guerrilleras de esa columna, explica que su presencia en las cercanías de San Fabián era parte de "una ofensiva planeada a nivel nacional". "Iba a entrar Masaya, Managua iba a hacer unos tiritos, iba a entrar Río San Juan, la gente de Solentiname y San Carlos; íbamos a entrar nosotros y alguien más, ni me acuerdo. El elemento central era detonar la insurrección en las ciudades. A nosotros nos tocaba la toma de Ocotal".

Otro guerrillero, Juan Ramón Ramos, más conocido como el Indio Emilio, recuerda que la columna era una mezcla de combatientes nuevos con combatientes viejos, que comenzaron a agruparse y entrenar con meses de anticipación en Honduras con miras a esa ofensiva nacional. Dora María Téllez divide a la agrupación en tres tipos: "Los campesinos como el Indio Emilio y Facundo Picado, que habían venido con Víctor Tirado (López) de la guerrilla de la cordillera Isabelia. Guerrilla brava, gente que camina mucho, carga mucho, buenos baquianos. Otro segmento eran obreros, trabajadores urbanos, y después había otro segmento que eran los estudiantes". Algunos estudiantes —dice— habían tenido entrenamiento en Cuba, como ella misma o como Leticia Herrera, experta en explosivos. Otros, como Daniel Ortega, por ejemplo, tenían escaso entrenamiento y nada de experiencia en la montaña.

"Salimos todos de Honduras, nos reconcentramos en un lugar que se llama La Montañita, territorio nicaragüense. Y de ahí partimos para el lado de San Fabián. Lo que se pretendía era agarrar vehículo y venirnos para Ocotal a tomar por asalto el cuartel", relata el Indio Emilio, que para entonces tenía 22 años. "Lo que sucedió es que un vehículo se nos pasó por la carretera y ahí ya se nos cayó el plan porque el que iba en el vehículo vio y vino a informar al comando (de la Guardia)".

Dos días antes, Dora María Téllez y Facundo Picado, otro guerrillero, habían estado en Ocotal observando el cuartel, la cantidad y comportamiento de los guardias acantonados en la ciudad. "Eran pocos los guardias", recuerda Téllez. "Guardias panzones, era un cuartel hecho para tiempos de paz que nosotros lo hubiésemos podido tomar fácil y rápidamente. Esa carretera, sin embargo, se convirtió en un obstáculo".

Cerca de las 7:00 de la noche de ese miércoles 12 de octubre, los buhoneros Emilio Avilés López y Julio Alemán Ortiz bajaban hacia Ocotal en una vieja buseta después de su ambulante jornada de venta en las fincas de Las Manos y Dipilto. En San Fabián se encontraron de pronto con unos troncos y piedras atravesados en la carretera. Hallaron, sin embargo, una orilla por donde pasar y cuatro hombres de verde olivo les hicieron parada. Ellos no se detuvieron a pesar de los balazos en su contra y huyeron por la carretera.

"Sabíamos que la Guardia iba a llegar", dice el Indio Emilio, como efectivamente sucedió.

A eso de las 9:00 de la noche, ya los Dodgers habían ganado el partido. La serie se había empatado en ese segundo juego, y los Peralta dispusieron el regreso a Ocotal. Don Fabio y su esposa decidieron quedarse a dormir en la finca, y tres de sus hijos, Rommel, Róger y Fabio Darío, más un amigo, Diego Salgado, se regresaron en un jeep. Por el camino iban alegres y comentando todavía el partido, cuando a la altura de San Fabián la tragedia se desencadenó a ritmo de vértigo. Unos troncos en la carretera, unas sombras que cruzan haciéndoles parada. Nerviosismo. Ráfagas contra el jeep. Se ponchan las llantas. Róger, de 16 años, que viene manejando, se quiere detener, pero un balazo le pega en la rodilla de la pierna derecha cuando busca el freno. Otro balazo cruza superficialmente el abdomen de Rommel, de 14 años, gordito y que viene de copiloto.

Cuando finalmente el jeep se detiene, los guerrilleros sacan a los muchachos del vehículo y los llevan a la casa de la hacienda. El más grave es Róger, que es hemofílico, y aunque su herida no es mortal, se desangra rápidamente.

"La mayor parte de la columna se había quedado como a unos 500 metros de la carretera y un grupo al mando del Danto (Germán Pomares) y creo que Joaquín Cuadra, estaba a cargo de cortar la carretera, conseguir los vehículos con los que nos vamos a ir, y además retener a la gente para que no avisen a Ocotal que vamos a atacar en la madrugada", explica Dora María Téllez.

A don Fabio Peralta, padre de los dos muchachos heridos, todavía se le hacen agua los ojos al relatar los acontecimientos. "Róger era hemofílico. La herida de la rodilla comenzó a sangrar y no podían detener la sangre. La Dora María Téllez andaba una inyección anticoagulante, pero se puso nerviosa y quebró la inyección. Y es la única que andaba. Entonces se desangró". Téllez confirma este episodio. "Era vitamina K —dice—. Es que había una balacera tremenda".

Antes los guerrilleros habían detenido el jeep conducido por Marcio Peralta, primo de don Fabio. "Yo andaba en un jeep Nissan que tenía. Cuando vengo veo unas barricadas, piedras puestas en la carretera, pasé con cuidado y adelante me paran. Ya veo que son guerrilleros. Yo venía con María Celina, Armando Joaquín y los dos chavalos. 'Deme la llave', me dijeron. Bajaron a los chavalos. 'No tengan miedo'. Yo conozco a Joaquín Cuadra. Ellos se comportaron correctos. Me agarraron a los chavalos y nos metieron a la hacienda, a la casa. 'Mirá —me dice mi papá—, no dilata en venir la guardia porque pasó una camioneta y le hicieron una balacera. Eran unos buhoneros ambulantes'".

Efectivamente, a la medianoche una solitaria patrulla de la Guardia Nacional llega a inspeccionar el incidente reportado, en un jeep Willy de esos que usó el ejército de Estados Unidos en la Segunda Guerra Mundial. Los guardias se acercan desprevenidos, pensando que se trata de algunos ladrones, y están lejos de intuir el fuego que caería sobre ellos.

"Cuando la patrulla está ahí, el Danto (Pomares) deja ir una granada. Y comienza a disparar. Nosotros comenzamos a disparar hacia donde disparaba el Danto porque no vemos nada. No sé si alguien de esa patrulla se regresó, pero eso obliga a que todo el mundo se repliegue. Y tenemos un problema, que el resto del país va a entrar en ofensiva en la madrugada", dice Téllez.

Los guardias de la patrulla quedan muertos frente a la hacienda. Los guerrilleros, previendo la llegada de más guardias, abandonan la casa de San Fabián y disponen una emboscada de casi un kilómetro sobre la Carretera Panamericana. En la casa quedan los Peralta. Como a las 2:00 de la mañana, Róger, de 16 años, muere desangrado en los brazos de doña Blanquita Paguaga, madre de don Marcio, que lo consoló hasta el final.

Entre la heterogénea columna guerrillera destacaba un personaje mechudo, bigotón y de gruesos lentes "culo de botella". Cleto, le llamaban. Caminaba con dificultad por esas veredas de Dios en las montañas, tenía poco entrenamiento militar y su imagen estaba muy lejos del prototípico guerrillero, como Germán Pomares, el Danto. Pero llegó al campamento de Honduras precedido por una larga trayectoria en el Frente Sandinista que lo colocaba, a pesar de sus incapacidades, como uno de los principales jefes de ese grupo.

El nombre de pila de Cleto era Daniel Ortega.

Desde que salió de la cárcel, en las últimas horas del año 1974, Ortega mantuvo una relación a control remoto con la actividad guerrillera en Nicaragua, gestionando recursos con organismos y gobiernos amigos, y participando como uno de los ideólogos de la tercera propuesta para derrotar a Somoza planteada dentro del Frente Sandinista, junto con su hermano Humberto Ortega y otros cuadros sandinistas. Así terminan diseñando la Ofensiva de Octubre, un ambicioso plan con el que pretenden insurreccionar Nicaragua tras la toma de algunas ciudades, instalar un gobierno provisional y sacar a Somoza. Dentro de ese plan, Daniel Ortega recala en Honduras y tiene la misión de tomar Ocotal.

"El jefe de toda la agrupación era el comandante Daniel", dice el Indio Emilio. "Después venían los otros mandos: comandante Germán Pomares, comandante Francisco Rivera, Víctor Tirado López, Joaquín Cuadra, Dora María Téllez, Óscar Benavides, Jorge Guerrero... Había unos jefes que no traían mando, pero eran como un Estado Mayor. El comandante Daniel no traía tropa pero era el jefe de la agrupación.

Los jefes tropistas eran el comandante Pomares, Joaquín Cuadra y otros".

Dora María Téllez —Claudia en la guerrilla— dice, sin embargo, que Ortega no jugó ninguna función de combate en San Fabián. "El jefe del operativo era el Danto. Y el otro jefe operacional era Joaquín. Joaquín comanda la emboscada de contención".

Téllez recuerda que Ortega era un cuadro político, sin experiencia militar y muchas limitaciones físicas. "Daniel se agotaba rápidamente. Daniel es un hombre con poquísima capacidad física, cegato, sin ninguna habilidad para la montaña. Él sale en el 74 y que yo sepa ellos no hicieron curso de entrenamiento. La Leticia Herrera era explosivista. Humberto es un gran tirador, a pesar de tener la mano lisiada, Carlos (Fonseca) tampoco tenía entrenamiento y tenía exactamente el mismo problema. Yo no hablo mucho de esto porque la gente pensará que me burlo. Yo no me burlo. Para dirigir un combate vos tenés que tener la capacidad física para que el físico no se te convierta en un ancla a tu pensamiento".

Sobre la participación de Ortega, el Indio Emilio reconoce que "sí, él no era de esas personas que son ágiles, como Pomares. Exactamente en la línea de fuego no estuvo. Él estuvo en el puesto de mando, en un cerrito que está como a 300 varas, que hay un poste de luz. Ahí es el puesto de mando donde estaban ellos".

Daniel Ortega relató así este episodio cuando el periodista británico David Frost le preguntó si alguna vez mató a alguien en combate: "Sí, cuando me tocó combatir en el año 1978, que lanzamos una Ofensiva Insurreccional en diferentes puntos del país, yo estaba al frente de un destacamento guerrillero, en una zona del norte del país, y ahí empezamos a combatir con la Guardia de Somoza. Hubo enfrentamientos en que estábamos expuestos a perder la vida, como también a disparar contra nuestros enemigos, éramos dos enemigos enfrentados y, efectivamente, las balas pasaban por encima de uno y también nosotros estábamos disparando".

"Luego —continúa— encontramos varios guardias muertos, un oficial de ellos muerto también, nosotros tuvimos un herido. Yo no podría decir cuál de las balas fue la que mató a estos soldados de la Guardia, porque ellos venían avanzando en medio de una zona bastante tupida de vegetación. Los disparos eran contra los puntos donde partía el fuego, y esos son momentos, sobre todo, de mucha tensión".

Como a las 7:00 de la mañana, ya con la luz del día del jueves 13 de octubre, aparece en la carretera a Dipilto una caravana de vehículos, civiles y militares con guardias, rumbo a San Fabián. El convoy viene de Ocotal reforzado con efectivos de Somoto. No saben que sobre ellos hay una emboscada tendida, que los deja entrar sin lanzar un tiro y poco después se convertirá en una trampa mortal.

Llegan hasta la casa hacienda y la rodean.

—Ríndanse y vamos a perdonar sus vidas —grita y repite varias veces un guardia a través de un megáfono. Pero en la casa ya no hay guerrilleros. Los guardias comienzan a disparar contra la casa. Fuego recio. Alguien improvisa una bandera blanca con una camiseta y la saca, gritando que solo hay civiles. Los disparos cesan por el momento.

"Llega la Guardia por segunda vez y comienzan a disparar contra la casa. ¡Baran gan!, ¡baran gan! Los guerrilleros ya se habían retirado y se habían ido a poner a la loma. Solo estábamos civiles. Salimos con las manos arriba. Nos acostaron en la carretera. En la carretera había una alfombra de cápsulas de bala. Nos montan a todos, a mi mamá, a mi papá, a todos nos traen detenidos", relata Marcio Peralta.

Deciden llevarse a todos los civiles en calidad de detenidos, tendidos en la tina de una camioneta. A Rommel, el muchacho herido en el abdomen, lo montan separado en un jeep, creyéndolo guerrillero, pues anda unas botas militares. A don Marcio lo ponen a manejar su propio jeep, con varios guardias en él.

"Nosotros ya tenemos montada la emboscada", dice Dora María Téllez. "La Guardia llega hasta la casa. Arman una tirazón, vienen descontrolados. Pero cuando termina esa balacera ellos están entrampados porque Joaquín (Cuadra) está adelante y todo el resto de la emboscada principal, atrás. Cuando vienen, comienza la emboscada nuestra".

El Indio Emilio calcula que "en principio la Guardia pensó que tal vez eran unos delincuentes los que estaban ahí. La primera patrulla que llegó no pensó que se iba a encontrar con un fuego fuerte. Y cuando llegó el refuerzo nunca se imaginaron el armamento que teníamos nosotros".

"Estábamos emboscados y vimos que venía una caravana de camiones y dejamos que entraran todos a la emboscada. Y se armó el combate. Desde la seis de la mañana hasta las once de la mañana. Llegaron los (aviones) push and pull. Nosotros teníamos la ventaja. Estábamos en los cerros. Un muchacho tenía un fusilito con mira telescópica. Como a las diez de la mañana hicieron una maniobra y quisieron atacarnos por la retaguardia y subir. Los muchachos rafaguearon y cayeron unos, por un río que hay por ahí. El mando decidió que había que retirarse. Sin ningún muerto, solo un muchacho que salió herido. Le decimos Santos Recluta, él se llama José Luis Rivera. Dora María estaba con Carlos Manuel Jarquín en un cerrito con una ametralladora 30 y ahí los agarramos en vivo a todos. Me imagino unos 20 vehículos, camiones y vehículos pequeños. Todos chocaron entre ellos", dice.

Efectivamente, Téllez y otro guerrillero, Carlos Manuel Jarquín, disparan desde una loma con una ametralladora 30, "viejita pero funcionaba bien". Aquello es una lluvia de balas sobre la carretera. Don Marcio se orilla con el jeep a un barranco buscando protección, pero aun así su vehículo recibe 16 impactos de bala y uno de los guardias que lleva resulta herido y muere posteriormente. Los guardias comienzan a caer muertos. Rommel recibe otro balazo en el brazo y se baja del jeep abandonado. Todavía don Marcio dice haberlo visto por el espejo retrovisor, caminando, herido pero vivo, sobre la carretera. A este muchacho lo encontrarían muerto al día siguiente, en una alcantarilla, como a 500 metros de distancia de donde lo vio don Marcio.

"¿Cómo murió Rommel? No lo sé", dice su padre, don Fabio. Los balazos que recibió no eran mortales. "Lo hallamos el viernes 14. Tenía su faja al lado y señas como de estrangulamiento. Los ojos llenos de sangre. Pero eso ya debe haber sido la Guardia".

A la cabeza del convoy iba el subteniente de la Guardia, Eliseo Guillén. El Indio Emilio lo recuerda bien. "Quien se 'peinó' al teniente Guillén fue un muchacho de Masaya que le decimos Santos Recluta (el único que luego salió herido). El teniente ese iba subiendo, dándoselas de gallo, adelante. Entonces lo agarró cerquita. Lo despojó de una pistola nueve milímetros, una carabina M2, una esclava y unos anillos de oro. Era uno de esos chicos plásticos, de academia, bien caché, diferente al guardia raso".

El comunicado No. 18 de la Guardia Nacional, publicado ese mismo día, reconoce cinco guardias muertos, incluyendo el subteniente Guillén, y otros cuatro heridos. Sin embargo, todos los testigos dicen que las bajas fueron mucho mayores. No hubo muertos entre los guerrilleros.

"San Fabián es un fracaso y una victoria. El fracaso de la ofensiva tal como estaba prevista, que era tomar Ocotal, pero es una emboscada exitosísima. Primero, la Guardia nunca había tenido tal nivel de bajas en una emboscada. Segundo, era emboscada en carretera pavimentada. Eso lleva a la guerrilla a una cercanía tal a las ciudades y eso es que estás tocándole la barba a los Somoza", valora Téllez.

El Indio Emilio tiene la misma apreciación: "A pesar que fue algo imprevisto lo que se hizo, se combatió también. Lo importante fue la propaganda. Porque se decía que aquí no había guerrilla. Si supuestamente la guerrilla estaba aniquilada, ¿qué era eso?"

Cada 12 de octubre el Frente Sandinista celebra la "gesta de San Fabián". Se reúne frente a la casa hacienda un nutrido grupo de sandinistas con las clásicas camisetas multicolores, combatientes históricos, instalan una tarima y sonido, y en algunas ocasiones hasta ha llegado Daniel Ortega y su esposa Rosario Murillo.

"La primera etapa la iniciamos en 1977, cuando combatimos aquí, en la hacienda San Fabián. Ahí fueron los combates en la Ofensiva Insurreccional del 77", dijo Daniel Ortega en febrero del 2009, cuando llegó con Murillo a Ocotal para celebrar un natalicio de Sandino.

San Fabián es para Daniel Ortega el evento insurreccional que lo vincula directamente a una acción de combate, aunque por sus propias características y su posición de mando político en la columna guerrillera no haya disparado un tiro. "A Daniel siempre le ha gustado esa celebración. Imagino porque para él tiene ese significado", calcula Dora María Téllez.

Después de la emboscada a la Guardia en San Fabián, la mayor parte del grupo guerrillero se fue al campamento central, entre ellos Daniel Ortega. Dos grupos pequeños, uno bajo el mando de Joaquín Cuadra y otro con Germán Pomares, se van a atacar los cuarteles de San Fernando y Mozonte con el objetivo de atraer a la Guardia para quitarle presión a los guerrilleros que atacaron Masaya y San Carlos, quienes, en términos militares, habían fracasado en su intento de tomarse los cuarteles e insurreccionar las ciudades.

Don Fabio no ve mal que el Frente Sandinista celebre su victoria de San Fabián, pero sí lamenta que se hayan olvidado de los mártires de ese evento. Sus hijos. Los dos muchachos que sin saber nada de la guerra murieron después de ver un partido de beisbol.

¡Reí hombre, jodido!

*"Se está mejor en casa que en
ningún sitio".* **El mago de Oz, 1939**

Somoza abandonó Nicaragua la madrugada del 17
de julio de 1979. A la mañana siguiente, la Junta de
Gobierno revolucionaria se instalaba oficialmente en
León, ciudad a la que poco a poco fueron llegando cada uno de
sus miembros. Sergio Ramírez, Violeta Barrios de Chamorro
y Alfonso Robelo habían llegado en dos avionetas la noche de
ese mismo 17 de julio desde Costa Rica con otros funcionarios
del nuevo gobierno. Daniel Ortega y Rosario Murillo ya estaban en la ciudad desde un par de días antes. Ortega de verde
olivo y con un extraño gorro de maquinista de tren, empopado
en la parte superior, y Murillo transformada, de botas, uniforme militar nuevo, con armas que cargaba con dificultad y todo
el utillaje para la guerra. En una de las reuniones previas, a
Murillo se le cayó el fusil y Ortega la reprendió molesto.

105

Relata Sergio Ramírez en sus memorias *Adiós muchachos* que para la ceremonia de instalación en el paraninfo de la Universidad de León se sentaron en los sillones torneados reservados para las altas autoridades académicas y Tomás Borge fue presentándolos uno a uno ante los periodistas que llegaron ahí para ver nacer al nuevo gobierno revolucionario.

Daniel Ortega fue designado coordinador de esa Junta en una jugada en la cual los terceristas buscaban colocar a sus cuadros en los mejores puestos de poder. Todo indica que fue escogido Ortega y no otro para ese cargo por su propio carácter, menos dado al protagonismo, e incluso, como diría otro miembro de la Junta, Moisés Hassan, por ser "medio atontado, todo lento y sin haber tenido la relevancia que tenían los otros" comandantes y por lo tanto un personaje que no despertaba recelos en la fuerte y sorda lucha de egos que se daba a lo interno de la Dirección Nacional unificada, compuesta por nueve comandantes, tres por cada una de las tres tendencias.

Incluso la palabra "coordinador" fue escogida cuidadosamente para que no ofendiera al resto de comandantes. Se buscó una palabra que no sonara a "jefe", "director", "secretario", aunque en la práctica lo fuera.

Humberto Ortega, Tomás Borge y Henry Ruiz eran los candidatos naturales para ser jefes de gobierno, pero cualquiera de ellos que hubiese sido seleccionado despertaría una inconformidad que podría ser fatal para la unidad entre los diferentes grupos del Frente Sandinista que se había logrado en marzo de 1979.

—¡Reí hombre, jodido, tenés una cara de palo! A la gente le gusta que le rían —dice Henry Ruiz que le pedían a Daniel Ortega una vez investido con los poderes que otros comandantes hubiesen deseado. No atisbaron que en ese momento se sembraba la semilla del dictador que sería después, igual o peor que el que recién acababan de sacar a balazos de Nicaragua.

"Eso del callado era una virtud. Él lograba más que mediar", piensa Zoilamérica. "Daniel escuchaba siempre y nunca se negaba a seguir hablando de un tema que representaba conflicto. Ese rol de acercar, quizá sí lo jugó. Siempre decía 'otro clavo'. Clavo para él era que dos tuvieran posiciones diferentes en temas de política o economía. En temas de guerra siempre había mucha diferencia de cómo manejar los temas militares, los gastos o la imagen internacional".

Zoilamérica recuerda aquellos días agitados. "Terminaban las reuniones en la casa y quedaban las reuniones en la calle. Bloqueaban la cuadra. Sergio (Ramírez) esperaba o lo llamaban. Daniel siempre en medio de ellos, porque se notaban conversaciones intensas, gesticulando, con todos los carros encendidos porque ya se iban".

La idea de una Junta para asumir provisionalmente el gobierno fue tomando cuerpo por las propias circunstancias. Primero se consideró un presidente provisional y se designó como candidato para ese cargo al empresario Felipe Mántica, pero Mántica renuncia al Grupo de los Doce en diciembre de 1977 y llega un momento que Humberto Ortega le propone a Sergio Ramírez asumir esa responsabilidad porque según sus cálculos el triunfo sobre Somoza se podía producir en cualquier momento y quería tener la carta de un gobierno provisional bajo su manga. La propuesta a Ramírez se produce en el contexto de la insurrección de Monimbó en febrero de 1978, tras el asesinato de Pedro Joaquín Chamorro que detonó la insurrección en varias ciudades. Después, en 1979, vino el acercamiento entre las tendencias divididas del Frente Sandinista y, al mismo tiempo, con la empresa privada.

"Era lógico que la empresa privada no me iba a aceptar a mí como jefe de un gobierno provisional, y la idea de la Junta viene como resultado natural. Un gobierno que va a estar integrado por distinta gente, distintas fuerzas. El primer acuerdo es que nadie de la Dirección Nacional puede estar en ese gobierno, y eso me parecía muy sabio", explica Ramírez.

Humberto Ortega mete a Daniel en la Junta como un libretazo. Todas las coordinaciones se hacían por radio, y al anunciar Humberto la designación de Daniel se tomó como una decisión de la Dirección Nacional. "Humberto sabía que una vez que eso se anunciara no se podía echar para atrás", dice Sergio Ramírez. Se produce incluso, una conversación muy virulenta entre Humberto y Jaime Wheelock quien le reclamaba que ese no era el acuerdo; nadie de la Dirección Nacional iba a entrar en la Junta.

Dice Ramírez: "Que Daniel sea apocado es lo que les va dando confianza a los otros. Pero no es por eso que entra. Entra porque es hermano de Humberto". Juntos tenían mucho poder. Humberto se reserva el Ejército y coloca a Daniel en lo que él llamaba "la parte civil".

En sus memorias, Sergio Ramírez asegura que el propuesto para ser jefe del nuevo ejército sandinista era Henry Ruiz, uno de los nueve comandantes, y que Humberto Ortega habría aprovechado un momento de silencio de Ruiz para autoproponerse y resultar el jefe.

Humberto Ortega dice que esa reunión de la Dirección Nacional que menciona Ramírez no existió. "A mí no tenía que nombrarme nadie, nosotros nos nombrábamos solos. ¿Quién me iba a nombrar a mí? Si nosotros teníamos el poder total. Nadie iba a decir no a Humberto Ortega. Nadie iba a proponer a otros que no fuera yo. ¿Por qué? Porque era obvio que si nosotros llevamos el peso fundamental al final en esa lucha, y si fue la tendencia insurreccional la que abrió las puertas de la victoria, era lógico que Daniel fuera el presidente y Humberto el hombre de las fuerzas armadas. Eso no era discusión".

Henry Ruiz da así su versión de los hechos: "Eso fue una votación. Eran unas reuniones horribles. Aquel cansancio de la gran puta, de sueño. Eran en un búnker y nosotros discutiendo del ordenamiento del país. Nos quedábamos dormidos. Entonces establecimos una regla, que la decisión que se tomara no iba para atrás, se quedaba, independientemente de aquel que estaba dormido y no se dio cuenta. Así eran las cosas. Me acuerdo una vez que Jaime (Wheelock) se aparece en la reunión diciendo que había hablado con Fidel y que recomendaba que él fuera el jefe de la Reforma Agraria. Así salió Jaime de jefe de Reforma Agraria y ministro de Agricultura. Él fue a echar este cuento. ¿Quién iba a confirmarlo? Nadie iba a ir a decirle: ¿Es verdad Fidel?"

Dice Ruiz que el Ministerio del Interior ya estaba decidido para Tomás Borge desde antes de tomar el poder, como premio de consolación porque Borge "estuvo pujando para ser el presidente", y el cargo de jefe del Ejército se fue a votación. "Yo voté a favor de Humberto. Si hacés las cuentas y hubiera votado a favor mío, salen las cuentas a favor mío. Pero para mí eso no altera nada".

—¿Y Humberto Ortega votó por él mismo? —le pregunto.

—Por supuesto. Esos están votando a favor de ellos desde que nacieron.

El plan de que la Junta se hiciera cargo del gobierno y la Dirección Nacional de la parte política comienza a hacer aguas pronto. Una dirección de nueve personas es también una dirección de nueve egos y nueve ambiciones. Daniel Ortega se encargaba de llevar las decisiones de los nueve comandantes al seno de la Junta e imponerlas por mayoría, tres votos contra dos, con el apoyo de Sergio Ramírez y Moisés Hassan. Así la Dirección Nacional controla las funciones de gobierno y eso provoca la salida temprano de la Junta de doña Violeta Barrios de Chamorro y Alfonso Robelo, los dos personajes que más había costado integrar a esa aventura.

Las tareas de la Junta se repartían entre sus miembros. Daniel Ortega se dedicaba principalmente a participar en mítines y actos públicos en barrios de Managua y municipios del país. Doña Violeta atendía Salud; Sergio Ramírez, Educación; Moisés Hassan, Infraestructura. Cuando se van doña Violeta y Robelo, entran a sustituirlos Rafael Córdova Rivas y Arturo Cruz. Muchas más responsabilidades se van concentrando en Sergio Ramírez con el apoyo de Ortega.

El resto de la familia Ortega Murillo llega a Managua el 21 de julio y encuentran a Daniel Ortega instalado en el Hotel Camino Real. Dice que se siente incómodo ahí, porque ese es un lugar para ricos, y asume la rutina de vestirse y bañarse en la casa de su suegro, Teódulo Murillo. Luego regresaba al hotel. La familia se instala finalmente en la casa de don Teódulo, a quien el gobierno que presidía Ortega, su yerno, paradójicamente le confiscaría luego sus propiedades.

Así pasó varios meses, viviendo entre el hotel y la casa de su suegro. Los funcionarios de la Junta le buscan una casa para que deje el hotel y se establezca con su familia, pero a Ortega ninguna de las propuestas le gusta. "Quiero algo sin lujos", repetía. Finalmente, encuentran una que se ajusta a lo que Ortega busca, aunque estaba lejos de ser "sin lujos": la casa de Jaime Morales Carazo, en residencial El Carmen, en Managua.

Lo que Ortega buscaba era una casa que reuniera las condiciones de encierro que su carácter ermitaño exigía. La casa de Jaime Morales Carazo tiene el área de los cuartos totalmente separadas de las áreas sociales. Una sola puerta separa los tres cuartos originales del resto de la casa. Él necesita tener el control y poder bloquear esa área con cerraduras desde su lado. Es un patrón de desconfianza que mantendría en todos sus espacios, familiares y de trabajo, a través de verjas y cerrojos.

Los Ortega Murillo encuentran la casa de Jaime Morales Carazo con todo el menaje e incluso la ropa de la familia, porque no le permitieron sacar nada cuando la confiscaron. Una vez instalados ahí, Daniel Ortega permanece la mayor parte del tiempo en esa zona "más íntima" de los cuartos y solo salía a comer en la cocina o al comedor y volvía. Iba por ratos a la biblioteca y regresaba a su espacio.

El hermetismo de Ortega era tal que Zoilamérica recuerda que esos primeros meses no pasaba del "hola", lo cual contradice, en ese momento, el patrón de comportamiento tradicional del episodio de agresión sexual que vendría después. "Generalmente te dicen que los agresores te van generando confianza, que te van hablando, persuadiendo. Pero ni siquiera nos hablábamos".

Las únicas relaciones de amistad, de intimidad, que Ortega mantiene, son aquellas que forjó en la cárcel. Con el Grupo de los Ocho. Y dentro de ellos, con unos más que otros. Carlos Guadamuz fue siempre su gran amigo. Ortega confía solo en aquellos cuyo mundo es él. Guadamuz pasaba la mitad de su día en la Radio Nicaragua, de la que era director, y la otra mitad con Ortega. Igual pasaba con Manuel Rivas Vallecillo, sobre todo porque era su jefe de seguridad personal. Con Lenín Cerna, jefe de la Seguridad del Estado sandinista, mantenía buena comunicación, pero dejó de tener esa intimidad que mantenía con los otros dos porque Cerna, por su cargo y relación de subordinado de Tomás Borge, tenía vida política y social más allá de Daniel Ortega.

Daniel Ortega pasaba todo el tiempo que podía en ese espacio que construyó para él, generalmente en ropa deportiva, pantalones buzos y chaquetas o camisetas. Solo salía para las actividades oficiales como jefe de Gobierno o las reuniones de la Dirección Nacional. Sus actividades más frecuentes eran hacer ejercicios y comer, y en menor medida, leer. Se encerraba para leer oyendo música. Diario corría. A las cuatro de la mañana salía a correr con Carlos Guadamuz y Manuel Rivas, comúnmente. Al final de la carrera mandaban a los escoltas a comprar cerdo frito para desayunar. Se sentaban y disfrutaban el frito en hojas, hacían una tertulia en la que se burlaban de algo o alguien o recordaban viejos tiempos. Ocasionalmente integraban a Jorge Guerrero Gómez, conocido como el Cuervo o a la misma Zoilamérica.

Todas las oficinas de Daniel Ortega tenían un lugar de aislamiento. En la antigua casa de gobierno dispuso al frente el área de secretaria, luego su despacho, y atrás un cuartito donde colgaba una hamaca y tenía un librero y una cama. Era oscuro. Siempre acondicionaba un lugar como si fuese una celda, en la que cuidaba dejar una salida al exterior. En la Secretaría del Frente Sandinista tenía otro lugar cerrado detrás de su oficina.

Dormía dos, tres o cuatro horas y en el día descansaba toda la tarde. Es una persona de poco sueño. Permanecía despierto hasta la una o más de la madrugada. Su mundo de reuniones era entre las siete y las diez de la noche. Luego pasaba hasta la madrugada despachando por teléfono. Cuando dormía hasta altas horas de la madrugada, hacía ejercicios al mediodía. Y en esos primeros años acostumbraba hacer ejercicios cargando peso, de alguna manera recreando el entrenamiento guerrillero que tuvo mientras vivió en Cuba.

Daniel Ortega a su ingreso a la cárcel La Modelo.
Comienzos de 1968.

Camilo, *Daniel y Humberto. Anuario del Colegio La Salle. 1957*

Daniel Ortega *como Boy Scout.*

Ortega, *primero de la izquierda de pie, en el equipo de futbol del colegio La Salle. 1958*

BR. JOSE DANIEL ORTEGA SAAVEDRA en el feliz día de su Promoción.

Don Daniel Ortega padre, dice que su hijo, como católico digno discípulo de DON BOSCO y DEL MAESTRO GABRIEL, confía en la Justicia y protección de Dios, para coronar sus estudios de abogado, en su propia patria natal, siendo ésta, digna, libre y feliz para todos sus hijos.

Esta foto la publicó en campo pagado don Daniel Ortega Cerda, para mostrar que su hijo era un muchacho de bien, cuando cayó preso en noviembre de 1967.

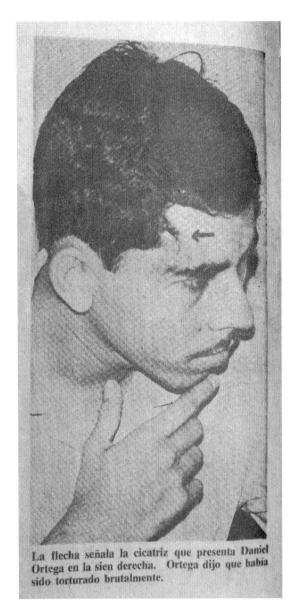

La flecha señala la cicatriz que presenta Daniel Ortega en la sien derecha. Ortega dijo que había sido torturado brutalmente.

Daniel Ortega en los juzgados, muestra la cicatriz en la frente que le provocaron las torturas.

Ortega, de camisa a rayas, en la cárcel La Modelo junto a otros reos. El último de la derecha es Jacinto Suárez.

Llegando a Cuba, después de su liberación en diciembre de 1974.

En Cuba, con Carlos Fonseca y otros militantes
sandinistas.

José Benito Escobar y Daniel Ortega, con miembros del comando Juan José Quezada, en conferencia de prensa en Cuba, después de su rescate.

Rosario Murillo, *de india bonita.*

Una adolescente Rosario Murillo.

Comandantes de la Dirección Nacional del Frente Sandinista y, al fondo, miembros de la Junta de Gobierno.

De derecha a izquierda, Tomás Borge, Víctor Tirado, Daniel
Ortega, Jaime Wheloock, Bayardo Arce y Luis Carrión,
todos comandantes de la revolución, miembros de la
Dirección Nacional.

Murillo, en look punk, Ortega cargando a su hija Camila, y doña Lydia Saavedra. 1987

Daniel Ortega en 1994, *se abre la camisa en la Asamblea Nacional para demostrar a los periodistas que no se hizo una operación a corazón abierto después de su infarto.*

Zoilamérica Ortega Murillo, hijastra de Daniel Ortega, a quien acusó de abuso sexual y violación.

Rosario Murillo, hijos y amigos, acuerpan a Daniel Ortega después de las acusaciones de abuso sexual y violación que le hiciera su hijastra Zoilamérica en marzo de 1998.

Anuar Hassan, exesposo de Rosario Murillo.

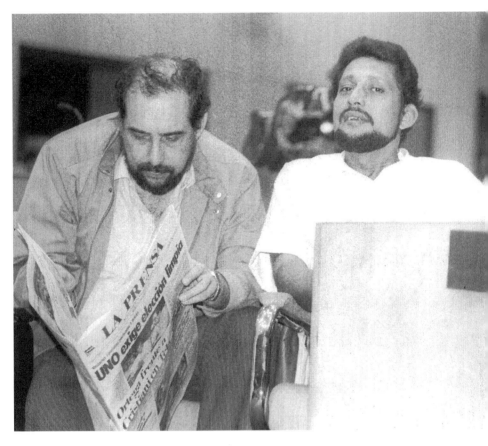

Dionisio Marenco y Bayardo Arce, en las vísperas de las elecciones de 1990.

Febrero de 1990. *Doña Violeta Barrios de Chamorro visita las Juntas Receptoras de Votos en la elección que derrotó a Daniel Ortega.*

La pareja Ortega Murillo, *junta otra vez después de la derrota de 1990.*

Carlos Guadamuz, amigo de Ortega, asesinado en febrero de 2004.

Anillos, pulseras y collares en abundancia son parte de la personalidad de Murillo.

Rosario Murillo toma juramento como Vicepresidente de la República en enero de 2017. Viste un modelo de Anita Dongre.

Daniel Ortega y Rosario Murillo, iracundos ante la rebelión que se desató en abril de 2018.

Golpe al corazón

"Houston, tenemos un problema". **Apolo 13, 1995**

Las comidas favoritas de Daniel Ortega eran el cerdo, los dulces y sobre todo el helado. Le gustaba mezclar la Coca Cola con sorbete. Era una especie de ritual familiar. En medio del bloqueo y la escasez que vivía Nicaragua, a Ortega le enviaban galones de sorbete Copelia desde Cuba. Comía generalmente de pie, con un pie sobre algo más alto. Solo en ocasiones formales se sentaba.

El infarto que sufre en 1994 modifica todos sus hábitos de vida. Ya no puede seguir comiendo como antes ni haciendo ejercicios como los hacía. El temor a la muerte empieza a apoderarse de él. Fue un ataque pasivo. Visitaba Cuba para un chequeo médico de rutina y es ahí donde le advierten que ha sufrido un infarto. Murillo no lo acompañaba porque tiene pánico a los hospitales, pero la mandan a llamar. Se quedan unos tres meses en Cuba entrenándose en el manejo de la nueva condición médica. Regresaron a Nicaragua con equipaje médico e instalaron un puesto en la casa donde monitoreaban la salud de Ortega. Desarrollan miedo a que el episodio del infarto se repita en cualquier momento. Sus hijos lo acompañaban a donde fuera cargando un maletín negro con la medicación. Para su cuidado hubo una rotación de médicos y al final acabó siendo asistido por un muchacho de seguridad que entrenaron en Cuba expresamente con este fin.

En ese momento teje una relación de mayor dependencia con Rosario Murillo, quien pasa a tener control de sus hábitos, principalmente en comida y ejercicios. Murillo es vegetariana y empieza a trasladarle rutinas sanas de comida. Ella comienza a monitorear toda su vida personal. Supervisa escrupulosamente el origen de las verduras, que deben ser orgánicas, los lugares de dónde proceden y los ingredientes que llevan los alimentos.

De Ortega se ha especulado que padece mil enfermedades. Se ha dicho que sufre cáncer o lupus eritematoso y por eso su comportamiento nocturno. Sin embargo, estas enfermedades no pasan del rumor, y solo se sabe con certeza su condición cardiaca, que ya es grave, y de angina de pecho que desarrolló como consecuencia de ella. Cuando se le ve lerdo e inflamado, dice alguien cercano a él, es resultado de la medicación a la que está sometido.

También se sabe que recibe ozonoterapia en Cuba y Nicaragua, un tratamiento que no está relacionado a ninguna enfermedad, sino que tiene intención preventiva. Tratamientos similares se aplicaban, por ejemplo, Michael Jackson y algunas estrellas del fútbol mundial.

El infarto determina una conversión en él. Desarrolla pánico. Pánico a la muerte y pánico a no controlar su vida. En muchas ocasiones —recuerdan personas cercanas a Ortega— los actos no podían comenzar porque tenía un ataque de pánico. Se le obstruía la garganta y le costaba respirar. Desarrolló miedo a sufrir un infarto mientras dormía. Cuando debía dar un discurso y le daban estos ataques, tenía que esperar a calmarse y esa fue en muchas ocasiones la razón de sus larguísimos retrasos. Le daba miedo que esos síntomas de atrapamiento, con sensación de ahogo, se dieran mientras estaba ante la gente. Antes del infarto, que ya sufría algo de eso, lo controlaba con automedicación, Valium y Clordiazepóxido, pero después del 94 los médicos se los prohíben.

Daniel Ortega asume todo lo que hace en la vida como un sacrificio, como parte de su destino. La guerra, ser líder, sentirse preso, no hacer las cosas que hace la gente común, incluso la difícil relación con Rosario Murillo, son parte de su cruz. Es la persona que se refocila en su dolor, que hace penitencia, a veces gratuita e inútil, pero la esgrime como misión en la vida. Él dice que quisiera hacer otras cosas, menos "sacrificadas", pero en el fondo sabe que no tiene nada más que hacer.

—Usted comenzó su vida política en la lucha guerrillera, y tantos años después sigue en la política —pregunté a Ortega en una entrevista, en noviembre de 1998, cuando el Frente Sandinista estaba en la oposición—. ¿Va a ser un político toda su vida?

143

—Yo soy un revolucionario inmerso en la vida política —contestó—. Nací a la vida civil, digamos, como revolucionario cuando tenía catorce, quince años. La inquietud de ser revolucionario penetró en mí, luego fui asumiendo una actitud consciente. Por lo tanto voy a morir así. No me siento todavía desahuciado, ni me siento en condiciones como para ir a parar a un sanatorio o para jubilarme.

—¿Pero no se ve en otra actividad que no sea política, como su hermano, por ejemplo?

—No, no, no me veo...

—¿Tiene empresas de las que pueda vivir?

—Mi razón de ser está comprometida con la lucha social en este país.

—Pero, insisto, ¿no se ve Daniel Ortega viviendo de otra cosa que no sea la política?

—Yo diría: no se ve Daniel Ortega viviendo fuera del compromiso social, fuera del compromiso revolucionario, que va a dar lógicamente a una actividad política.

—¿Usted tiene algún tipo de negocios, otras entradas de dinero que puedan ayudarle cuando no sea diputado, por ejemplo?

—Tengo ayuda. Tengo gente que me ayuda.

—La vez pasada hablaba en broma de las remesas familiares.

—Así es, así es. Yo no administro ningún negocio. No tengo tiempo para eso tampoco. No creo que sea pecaminoso, pero tampoco... Imagínese, ya meterme yo... Si uno quiere que un negocio funcione bien hay que meterse...

—Pero hay tanto sandinista, tanto dirigente político metido en negocios...

—Sí, pero quizás yo le dedico tiempo completo. Tengo apoyo. Tengo solidaridad. El coronel Gadafi ha sido un soporte muy importante todos estos años.

—¿En carácter personal o como partido?

—En carácter personal, pero también le ha ayudado al Frente.

—¿Usted se sigue viendo con Gadafi?

—Sí, de vez en cuando voy por Libia. Le guardo mucho cariño al coronel Gadafi.

Esa reconversión que comenzó a vivir con su estado médico, lo llevó a acercarse más a Rosario Murillo, con quien mantenía cierto distanciamiento, e identificarse mucho con el mundo árabe y musulmán. Son los años donde muestra su perfil más bajo de los últimos 40 años. Viaja mucho, principalmente a países árabes. Fue para esta época cuando quiso erigirse como mediador internacional y se le vio opinando con frecuencia de conflictos internacionales. Andaba buscando misiones en el mundo en un plan de sentirse útil que no le funcionó. Sin embargo, esa actitud le llevó a estrechar su relación con

Muamar el Gadafi, dictador de Libia, y el rey Hussein de Jordania.

En busca de un nuevo rostro

*"La única persona en tu camino
eres tú. Es hora de dejarla
ir". **El cisne negro, 2010***

El primer día del Diálogo Nacional, después de que comenzara la rebelión de abril del 2018, el estudiante Lesther Alemán asaltó la palabra y se dirigió a un Daniel Ortega que lo miraba sorprendido. El país entero seguía por televisión esa primera vez que alguien en público le reclamaba en su cara algo a Daniel Ortega.

—Por doce años los hemos escuchado, Presidente —dijo pañoleta azul y blanca al cuello y voz de trueno— conocemos la historia, no la queremos volver a repetir. Estamos aquí para exigirle ahorita mismo que ordene el cese inmediato al ataque. Estamos siendo perseguidos, somos estudiantes. ¿Por qué me salto la palabra? Porque nosotros estamos poniendo los muertos.

Quienes conocen a Ortega saben del terror que tiene al reclamo público. Evita exponerse a un debate. No puede controlar el sentirse humillado.

Después que Somoza saliera derrotado y el Frente Sandinista se hiciera con el poder, Daniel Ortega intentó ser un humano normal, salir con la familia a comer y andar por las calles aunque sea con escoltas como hacían otros comandantes, sin embargo, un par de incidentes públicos lo convencieron de las ventajas de sus encierros.

A Ortega le gusta la comida china. Un día, en 1980, llegó con algunos miembros de su familia a comer al China Palace, un restaurante que estaba ubicado por Plaza El Sol, por donde ahora es el edificio de la Policía. De repente alguien de una mesa vecina lanzó un comentario despectivo al aire, una chifleta como se le llama en Nicaragua a la indirecta. No lo soportó. Pegó un manotazo a su mesa y dijo:

—¡Nos vamos!

En otra ocasión, circulaba por el sector de Camino de Oriente, en Managua, y pasaba justamente por la cafetería La Crema Batida, cuando alguien le gritó un insulto. Detuvo el carro y ordenó a sus escoltas que detuvieran al hombre, presumiblemente borracho. Él mismo quería golpear a quien le había gritado.

Estas anécdotas son relatadas por Zoilamérica, quien fue testigo. Sin embargo, las cosas no terminaron hasta donde ella vio, como veremos más adelante en el testimonio de uno de sus escoltas.

Otra vez, venía de noche y quiso pasar por la ventanilla de autoservicio de la única sorbetería Pops que funcionaba en Managua para 1983, cerca de Tiscapa. El local ya estaba cerrando y las empleadas aceptaron de mala gana servirle a ese cliente especial de última hora. Alegaron que tales sabores no había o que tal otra cosa ya se había terminado. Ortega se enfureció. Ordenó a sus escoltas que asaltaran el local y ellos mismos se sirvieran lo que quisieran. Los escoltas con todo y armamento se metieron por la ventanilla de servicio de la sorbetería. Se subieron a los congeladores e hicieron fiesta con los sorbetes ante las aterrorizadas muchachas que no sabían qué estaba pasando.

Quiso ir también a un gimnasio y a un baño sauna como hacían los comandantes Tomás Borge o Bayardo Arce, pero no soportó estar en un grupo, en relación con personas que no controlaba. A partir de 1983 se resignó finalmente a sus estados de encierro que le exigía su propia personalidad. Sus salidas eran escasas. Muy de vez en cuando iba a visitar la finca de Daniel Núñez, un finquero sandinista con quien compartió prisión, eventualmente a la playa o a Cuba. En festividades como Semana Santa buscaba cómo llenarse de trabajo para justificar sus encierros y en las navidades o fiestas de fin de año salía a visitar colaboradores.

Con la familia de su hermano Humberto siempre mantuvo una relación distante porque las esposas de ambos se llevan mal desde que vivieron en Costa Rica. Para Daniel el mundo de su hermano era demasiado amplio. Solo lo veía en reuniones y alguna sola vez llegó a su casa en los primeros diez años después del triunfo.

Daniel Ortega es un hombre desconfiado. Sin embargo, Rosario Murillo sentía que ella tenía más olfato que él para anticiparse a las traiciones y exacerbaba esa desconfianza. Murillo le pedía que desconfiara de Sergio Ramírez, de Carlos Fernando Chamorro y de Bayardo Arce, entre otros. De tal forma que cuando los primeros dos decidieron enfrentarlo políticamente en 1994, ella se le plantó triunfante:

—¡Te lo dije!

El otro tema de enfrentamiento era la ostentación. Murillo siempre ha sido más de lucir, de tener gusto de "gente fina". En un reportaje publicado por la revista *Magazine* en mayo de 2012 se estableció, por ejemplo, que en 463 fotografías de sus apariciones públicas de los últimos tres años, tomadas del 19 Digital, un medio del gobierno, Murillo usó 462 vestidos distintos. ¡Solo repitió una vez! También a Murillo se le criticó que usara agua Perrier, traída de Francia, en las actividades donde ella participaba. Daniel Ortega, en cambio, es más de pinolillo, rosquillas y cajetas.

A través de la vestimenta de Daniel Ortega se pueden rastrear los altibajos que han tenido como pareja. Las camisas flojas y floreadas, al estilo Chayán, y las camisetas negras, usadas durante la campaña electoral de 1990, es la etapa en que ellos están distanciados, y las camisas blancas y cuello chino, es la etapa del acercamiento, cuando ella ya está asumiendo el control. Ella le insiste en usar reloj y faja, porque no usaba faja en los pantalones. Murillo siempre intentó domar al guerrillero, hacerlo menos salvaje, crearle un rostro porque Ortega no tenía rostro para la política. Henry Ruiz recuerda que en aquellos primeros días que buscaban darle rostro de jefe de Estado y le pedían que riera más seguido, también le hacían bromas con sus gruesos lentes de miope.

—Quitate esos lentes hombre —le decían, y cuando aquel se los quitaba y quedaba irreconocible, le pedían de nuevo que se los volviera a poner.

En 1986, el presidente de Estados Unidos, Ronald Reagan, dijo de Ortega que era "un dictador con anteojos de diseño", en alusión a unos lentes de tres mil dólares que compró en Manhattan, durante su visita a Nueva York. Ortega explicaría a la revista *Playboy* esta compra que los medios norteamericanos hicieron pública: "Cada vez que voy a Nueva York en visita a las Naciones Unidas, yo voy a la misma óptica. Fui allí la primera vez debido a mi miopía; se supone que los Estados Unidos cuentan con la ciencia óptica más avanzada. El lugar me fue recomendado por un amigo acaudalado y siempre he cargado los anteojos a su cuenta. Así que la última vez visité la misma óptica, compré algunos marcos para lentes. Yo practico el deporte, corro todos los días y por eso corro el riesgo de que se me quiebren y si alguna vez tengo que sobrevivir a algún ataque norteamericano y tomar las armas, quiero tener algunos marcos de repuesto. No tenía ni siquiera idea de cuánto había sido la cuenta y al verlo publicado más tarde que ´Ortega había gastado 3,000 dólares en anteojos de diseño´ me quedé aturdido. Solamente me alegro de no haber pasado por la misma clase de escrutinio durante mis viajes anteriores a Nueva York. Durante esos años, yo acostumbraba llevar a la delegación nicaragüense ante las Naciones Unidas a un buen restaurante en Nueva York. Algunas veces yo pagaba mucho dinero, ya que allí los restaurantes cuestan tanto, y puedo imaginarme lo que la prensa habría dicho entonces. ¡Y las cuentas de los hoteles!

¡Los hoteles cuestan una fortuna en Nueva York!"

Para los viajes a Naciones Unidas, Murillo le compraba ropa en Nueva York, pero Ortega siempre decía sentirse incómodo con saco y corbata, y con frecuencia se aparecía con su eterna chaqueta. No es que fuese austero y tuviese una sola chaqueta, es que se compraba 40 chaquetas iguales de una sola vez.

Sergio Ramírez recuerda haber ido un par de veces a su casa a comer, generalmente cuando llegaba algún visitante extranjero distinguido. A veces lo pasaba buscando para alguna gira y lo encontraba desayunando de pie, tortilla enrollada con cuajada y frijoles y una taza de café. "No es un hombre que tuviera modos civiles, y no creo que sea por maleducado o por odioso, sino que es un hombre de la cárcel, de los barrios, de la colonia Somoza. Estuvo muy poco en la universidad".

Varias personas cercanas a Daniel Ortega en diferentes épocas confirmaron para este trabajo que era alguien que se sentía bien con la gente humilde, con una jícara de tiste o un vigorón, y en cambio se sentía incómodo en un escenario de los que él llama "la burguesía".

"No me lo imagino en una mesa de manteles largos siendo servido con unos empleados de guantes blancos. Él es un hombre popular, come de pie, le gusta comer queso, come con la mano. Como un preso", dice Sergio Ramírez, quien se extraña de ver a su antiguo compañero ahora en los arreglos teatrales que diseña para él Rosario Murillo, con gente sentada, que llega por bloques y uniformada. "Antes había espontaneidad", dice.

Pham Van Dong

"Debería ser cuidadoso.
Es peligroso ser un hombre
honesto". **El Padrino III, 1990**

Mi nombre es Marco Antonio Jirón Ow. Nací en Managua, el 30 de agosto de 1964. Durante cuatro años fui escolta del comandante Daniel Ortega. Desde octubre del 79 hasta enero del 84. Me conocían como Pham Van Dong por las razones que luego le contaré.

Yo me empiezo a relacionar con el Frente Sandinista en secundaria. En el 78. Vengo de una familia que está involucrada directamente contra Somoza. Mi papá es René Jirón, ya fallecido, conocido empresario radial, dueño del Fabuloso Siete, y mi tío es Manuel Jirón, dueño de Radio Mi Preferida, dos de las emisoras más populares de los años 70 en Nicaragua. Pasamos a combatir contra Somoza, pensando que íbamos a botar a un tirano, que íbamos a vivir en democracia. Lo que más me motivó a entrar a la lucha fue cuando mataron a Pedro Joaquín (Chamorro Cardenal), porque curiosamente yo vivía a media cuadra de donde eran las instalaciones de La Prensa. Tenía 14 años. Estaba en segundo año de secundaria en el Colegio Bautista de Masaya. Ya al final de la guerra ingresé a las filas de las milicias, bajo el mando de Hilario Sánchez, en ese entonces lo conocíamos como Claudio Camión. Éramos del Frente Interno.

De casualidad fui a parar donde Daniel Ortega. Cuando se fue Somoza, el 17 de julio del 79, nosotros estábamos en Ticuantepe. Yo era un niño, pero era recio y alto, entonces pasaba por alguien de mayor edad. Pertenecía a la unidad de los Caza Perros. La escuadra en la que yo andaba se llamaba Carlos Herrera. En julio del 79 nos reconcentramos en El Coyotepe. Había muchas habladurías. Se decía que iba a llegar un tipo del Frente Sur que se llamaba Antolín a comandar Masaya. El jefe de nosotros comenzó a hablar mal de este Antolín, que luego fue jefe de la cárcel La Modelo. Por esas habladurías, y las divisiones, porque siempre se mantuvo lo de las divisiones, un sindicalista que andaba con nosotros nos dijo: "Vámonos a Managua". Y nos fuimos para Managua.

El 20 de julio nos pasó una cosa curiosa. Nosotros andábamos dos camionetas Cherokee nuevas que habíamos recuperado en el camino a Ticuantepe y ahí conocimos al comandante (Víctor) Tirado López.

—Me gusta la camioneta que andan ustedes —nos dijo—. ¿Por qué no hacemos un cambalache? Ustedes me dan la camioneta y yo los voy a dejar entrar al Búnker a que agarren todo lo que quieran.

Ahí estaban las bodegas de la Guardia. Entramos al batallón blindado, Batallón General Somoza se llamaba, y agarramos armamento, uniformes, mochilas, pistolas. De ahí pasamos a Ciudad Jardín, por la Loma de Chico Pelón, ahí estuvimos acantonados. No estaba acostumbrado a la vida militar. En esos días vino el primer ministro de Vietnam, Pham Van Dong y entonces me designaron a mí y otro que le decíamos Walter, y que ya murió, para que le sirviéramos como escoltas. ¡Sin ninguna experiencia! Si yo iba a cumplir 15 años. Anduvimos cinco días. Y como soy achinado y negrito como Pham Van Dong, me pusieron Pham Van Dong. Incluso Daniel Ortega me decía así.

Luego, fuimos a pasar un curso. Primero comenzó en Carretera a León, kilómetro 23 Carretera Vieja a León, a mano izquierda está una casa como solitaria. Era una mansión. Luego continuamos en la escuela Modesto Duarte, que se instaló en el kilómetro ocho, carretera a Masaya, en la mansión que fue del connotado somocista Fausto Zelaya. Nos daban clases cubanos, entre ellos el coronel Gamboa. Ahí conocí a (Enrique) Quiñónez. Estaba preso pero daba clases. Estaban bajo la orden directa de Tomás Borge. Estaban guardias. Cadetes. Incluso, yo sostengo que ellos siguieron trabajando con la Seguridad del Estado. Yo lo sostengo. Tengo una amiga que trabajaba de profesora dando contrainsurgencia en la Seguridad del Estado y ella me contó que se fueron al exterior siendo parte de la Seguridad del Estado. Como topos. Ellos eran chavalos. Delgaditos. Había un capitán cadete de apellido Torres. Solo le decíamos Torres. Ellos se quejaron que nosotros los amenazábamos. Porque obviamente nosotros éramos miembros del Frente Sandinista y algunos habían sido torturados por los guardias y se sentían incómodos de ser mandados por unos que eran guardias. Daban clases de infantería y táctica. Ellos nos enseñaron a marchar. Había una cancha de tenis en esa mansión y ahí nos daban infantería.

Como yo era el más pequeño de todos, el coronel Gamboa, de la Inteligencia cubana, se encariñó conmigo. Nos daba clases el coronel (Lenín) Cerna, nos llegó a dar clases de economía política Dora María (Téllez) y William Ramírez. Ahí había de todo calibre, como le digo, yo era el que menos anduvo (en la guerrilla). Gente viejísima del Frente. William Ramírez desde el principio me cayó pesado.

Llega William Ramírez y nos forma a todos. Él era comandante guerrillero. Era jefe, pues. Y nos comienza putear. Nos dijo que éramos basura, que no nos merecíamos ni la comida que nos estaban dando y que dieran un paso adelante los que se quisieran ir. ¡Todos dimos un paso adelante! Éramos como 300, tal vez más. Tuvo que llegar la Dora María Téllez. William Ramírez todavía andaba su boinita verde que le caracterizaba. Desde ese día me cayó mal. Obviamente nos convencieron de seguir el curso. Humberto Ortega llegó a entregarnos el diploma. En ese momento yo ni sabía quién era Daniel Ortega. A Humberto sí lo conocíamos porque había llegado y era el jefe del Ejército. Nosotros mirábamos noticias pero muy poco. Tiro, entrenamiento y teoría, era nuestro día a día. Inteligencia. Ese fue el núcleo del que salieron los cuadros para la Policía, para la Seguridad del Estado y para reforzar la seguridad de los comandantes.

Dos meses duró el curso. Salimos un viernes, tres días de reposo. El lunes en la mañana, llegué tarde. Teníamos que estar a las siete, y no sabíamos ni para qué. Llegué como a las ocho y media. Y ya todo mundo se había ido a sus ubicaciones donde debían estar. Unos salían a la Seguridad del Estado, otros se fueron a formar a la Policía, y otros a reforzar la seguridad de los comandantes. Yo me llego a presentar. Encuentro a Manuel Rivas Vallecillo, Alí le decían porque se parecía al boxeador Muhammad Ali.

—¡Ideay! ¿Y vos?

—Me agarró la tarde.

La Xochilt, Ana Julia Guido, era la segunda. Ahí la conocí y me dice:

—Solo faltan los de Daniel. Vos te vas a ir con Daniel.

Yo sinceramente no sabía quién era Daniel Ortega. Yo oía hablar de la Junta de Gobierno, y al que más reconocía era a Sergio Ramírez, porque andaba con Los Doce. Los famosos en ese tiempo eran Tomás Borge, Henry Ruiz, Víctor Tirado y Sergio que era una cara de Los Doce. Yo, un chavalo de 15 años, estoy maravillado con todo eso. Llego a El Carmen, a la casa de (Jaime) Morales Carazo.

No era la gran cosa la casa. En la esquina de la casa había una floristería, era el cascarón que estaba dentro de la propiedad de Carazo, porque había una puerta que conectaba con la floristería. Había un gran billar, estaba en el patio. Ese billar es muy importante.

Está Daniel Ortega con camiseta negra, pantalón de fatiga, verdeolivo, que era lo que usábamos en ese entonces, con unas botas gruesas, gringas, que tenían remaches para amarrar los cordones. Nos presentamos. A mí me presenta Mario Jiménez, era el jefe. Nos tocó durísimo. Ahí no había ni guarnición.

Nos vamos a la casa de gobierno. Por la Asamblea Nacional.

En el cuarto piso estaban todas las oficinas de la Junta de Gobierno. Ahí conocí a doña Violeta (Barrios de Chamorro), a Sergio Ramírez, a Moisés Hassan, a (Alfonso) Robelo y a Rafael Córdova Rivas que le decían Tinajón. A sus escoltas les decían guardatinajas.

Yo soy testigo de cómo se presionó a los vecinos de El Carmen para que vendieran y se fueran. Ahí donde está ahora la Secretaría del Frente había como cinco casas de gente con plata. Por ahí quedaba una estación de Policía. Ahí estuvimos. Yo había mentido sobre mi verdadera edad, decía que tenía 18 años.

Por donde vivía Sergio Ramírez trabajaba mi papá. Y una vez íbamos por ahí y lo veo y me saluda.

—Ese es mi papá —le digo a Daniel.

—¿Vos sos hijo de René?

—Sí.

—Yo trabajé con él. En Radio Reloj, en un noticiero.

Mi papá me confirmó luego que efectivamente había trabajado con Daniel Ortega en un noticiero.

Al comienzo Daniel Ortega era bien tranquilo. La que era bien jodida era doña Rosario. Con ínfulas de esas señoras burguesas que miran a la gente de menos. Doña Rosario puteaba a cada rato a las seis compañeras que le hacían la comida y la limpieza. Le dijeron a Daniel y él le llamó la atención.

A los meses ya la situación política no era tan buena. Ya no podíamos salir tranquilamente. Cuando sacaron a Robelo y eso, se recrudeció la cosa. Si íbamos a un restaurante siempre había alguien que molestara. Él ya tenía dos grupos de escoltas. Por Plaza El Sol, al frente, había un restaurante chino. Ahí nos pasó dos veces. Llegamos y está un comensal. Iban Daniel, doña Rosario, Payo, la Zoila y Tino. Alguien estaba comiendo ahí con otra persona y comienza decir: "¡Asesino!" y no sé qué más.

—¿Qué le pasa señor? Respete. Cálmese —le reclama el Conejo. Enrique Mendoza se llama.

Lo sacaron. El Conejo había sido guardia. Cuando estuvo preso Daniel, él era uno de los carceleros. No sabía ni leer. Enrique era el seudónimo de Daniel Ortega en la guerra. A nosotros nos dijo que era por este carajo. Lo quería bastante. Es como síndrome de Estocolmo. De entrada le dieron el rango de teniente. Hasta el último momento había quedado en la Guardia. Estuvo acantonado en Acoyapa, y había sido bien represivo. Él es de Tipitapa. Pues, el Conejo sacó al tipo, lo golpeó, lo golpeó bastante y se lo llevó preso. Yo me quedé estupefacto. Fue una orden directa de Daniel. No solo fue una vez.

Otra vez fue en Camino de Oriente. Nunca pasábamos por Camino de Oriente. Ahí solo chicos bien llegaban, y en ese sector no era bienvenido Daniel Ortega. Estaba ahí parado o a lo mejor venía en carro, no me acuerdo bien, pero alguien borracho gritó: "¡Asesino! ¡Asesino!" Saltó este carajo (Mendoza) y comenzó a culatearlo. Prácticamente yo se lo quité de encima, y nos lo llevamos detenido para Altamira. Como a las dos horas, cuando se le pasó el guaro, lo dejamos que se fuera para su casa. Daniel me pegó una puteada. Que por qué lo había soltado. Yo no nací para ser militar. Yo pedí cuatro veces el traslado. No me sentía cómodo. Yo pedí que me mandaran a estudiar. Me mandaron a estudiar, pero un curso de explosivos.

Una vez veníamos de El Trapiche, ahí tenía Rosario una casa que le dejaron o que había sido de su familia. Era un desastre esa casa. No estaba bien construida. Eran escombros. La compusieron con recursos del Estado, obviamente. Un domingo se fueron a pasear a la orilla del río Tipitapa, y al regreso pasaron por Tiscapa donde había una (sorbetería) Pops. Venía con la familia. Eran como las ocho y media. Domingo, calles oscuras, estaba cerrado ya. Ellas (las empleadas) no son adivinas, no podían saber que era Daniel Ortega. Estaban limpiando, sacando cuentas unas y otras acomodando. Las luces estaban encendidas. Ya para ese tiempo estaba crecido (engreído) Daniel.

El hombre (Daniel Ortega) da la orden de que abran. Había un escolta pequeño, se llamaba Gerardo Mendoza, que fue escolta de Zoila. Donde despachaban era una ventanita así de pequeña. Se metió por ahí. Encañonó a las mujeres e hizo que abrieran y que despacharan. Por dicha yo iba de chofer y no tuve que entrar. Fue una orden directa. Yo vi la cara de terror de la mujer. Eso fue en 83, en verano.

Él dejó de salir. No podía ya entrar a restaurantes aquí en Managua. En los pueblos sí, porque la gente es más sencilla. Aquí en Managua hay gente brava. Hay que tener valor para ver un carro que es del que manda, que está rodeado de guardaespaldas y comenzar a insultarlo de asesino para arriba.

Yo era buen amigo de Zoilamérica. Hacíamos fiestas en la casa de su tía. En mi cumpleaños de 1983 ella hizo la comida. Ella me organizó la fiesta. Pero a mí nunca me contó lo que estaba pasando. ¿Usted cree que a mí no me da impotencia ver ahora a Zoilamérica que está luchando contra un monstruo? Contra su madre, contra sus padres, quienes supuestamente la tenían que proteger. Yo puedo decir contundentemente que sí, él abusaba de ella. Era un secreto a voces. Yo estoy arriesgando mi vida por decir esto. Soy un poco paranoico. Entre los escoltas todos sabíamos.

Zoilamérica estaba deslumbrada. Le daban los mejores vehículos. De paquete. Traían vehículos de lujo. Ella tenía un tratamiento diferente entre los hijos de doña Rosario. Nunca vi que estuviera teniendo relaciones con ella, ni nunca oí que me dijeran algo sobre ella, como decirle que yo la llevara a algún lado para él. Eso, al menos en mi tiempo, no pasó.

Daniel Ortega anduvo una vez una mano quebrada, enyesada. Un golpe que le tiró a doña Rosario porque le estaba reclamando lo de la Zoila. Pegó en un poste.

Para dormir teníamos una casa al lado, que habían comprado o confiscado y teníamos un sistema que cada noche dormía un escolta en casa del comandante. Parte de la seguridad perimetral, guarnición. En la entrada había una especie de sala, televisor, se ponía un colchón en el centro. Sabíamos que teníamos que levantarnos a las cuatro de la madrugada porque todos los días íbamos a correr. Todos los días corríamos con Carlos Guadamuz en el César Augusto Silva.

Una vez vi a Daniel en calzoncillo ahí. Otra vez me encontré a la Zoila llorando, hablando con Fabio, otro escolta que no recuerdo su apellido. Esas cosas no se podían comentar. No podíamos hablar siquiera con alguien de confianza. Hacer bromas con eso, hablar de algo con otro era como ponerte una pistola en la cabeza y apretar el gatillo.

Se asustaría de las mujeres que tenía Daniel. Era un relajo increíble. Hay una amante incluso que estaba casada, guapísima, y Daniel la iba a dejar a su casa a Bello Horizonte y el esposo salía agradecido con Daniel que se la llegaba a dejar.

¿Usted ha oído de la casa L? La casa que Somoza tenía entre La Curva y el Búnker. Era una mansión. A mí me impresionó porque las luces eran inteligentes. En 1979. Ahora es normal. Esa casa la ocupaban los comandantes de la Dirección Nacional como motel. La misma casa, las mismas camas, porque no cambiaron las camas, una cama queen, donde se acostaba Somoza con la Dinorah (Sampson). Un día vi una escena sangrienta ahí. Esa casa la manejaba el Ejército. Piscina no tiene, pero sí un mirador. Ahí se hacían a veces reuniones de la Dirección Nacional.

A la comandante Ana María (Mélida Anaya Montes), de la guerrilla salvadoreña, la mataron en Carretera Sur, Planetario, creo. Para nosotros ella era algo mítico. Fueron 86 puñaladas con un picahielos. Al principio se había dicho que a la comandante Ana María la había matado la CIA. Tomás Borge, en una conferencia de prensa dijo eso.

—Yo pregunto al mundo —dijo Borge con esa forma teatrera que tenía para hablar— ¿Quién podría estar interesado en asesinar a Ana María? Obviamente solo el imperialismo norteamericano.

Sin embargo, luego las sospechas cayeron sobre Salvador Cayetano Carpio, el comandante Marcial, otro de los jefes de la guerrilla del Frente Farabundo Martí para la Liberación Nacional (FMLN).

Un día de abril de 1983, nos fuimos a la Casa L. Estaba toda la Dirección Nacional. Todos los comandantes. Había un gran patio, una terraza. Llegó Lenín Cerna en un camión cerrado con los escoltas de la comandante, torturados y esposados. Eran tres. Ahí tenían al comandante Marcial para que oyera la declaración. Los escoltas confesaron que ellos la habían matado por órdenes del comandante Marcial. A los dos días vi en las noticias que se había suicidado. Está enterrado en Xiloá. Y después se supo que había sido otro carajo el que la mandó a matar.

A Daniel Ortega le gustaba pasar donde Herty Lewites, por Los Robles. Ahí queda un restaurante que se llama La Marsellaise. Vivía al lado. Ahí en La Marsellaise en una ocasión se reunió con este carajo cubano, Barbarroja, Manuel Piñeiro, sacó un puro cubano. Esas reuniones eran una tortura para nosotros porque nos acostábamos después de la medianoche y ya a las cuatro estábamos arriba para ir a correr.

Hay algo que no le he contado: cada vez que iba a ocurrir algo importante en Nicaragua, Daniel Ortega salía de noche para Cuba en el avioncito ejecutivo que tenía Somoza. Se iba de noche y ya en la mañana estaba de vuelta. Siempre se llevaba al mismo escolta, Leopoldo Rodríguez, un viejo guerrillero. Generalmente era así: se reunía la Dirección Nacional y después salía Daniel para Cuba. Regresaba ahí nomás y se volvía a reunir con la Dirección Nacional. Eso sucedía, por ejemplo, cuando había viajes a Naciones Unidas o cuando se iba a tomar una decisión importante.

Nosotros usábamos fusiles Galil y los comandantes andaban con AK. Parece que se las había dado Fidel, con unas pistolas ametralladoras, donde la misma funda que se metía la pistola servía de culata. Todos los comandantes tenían su clave. Alfa 1 era Tomás Borge, Alfa 2 era Víctor Tirado, Alfa 3 Humberto, Alfa 4 era Daniel Ortega.

Es curioso, pero tres de los escoltas de Daniel fueron guardias de Somoza, carceleros con quienes hizo amistad cuando estuvo preso. Sus mejores amigos eran compañeros de prisión, y se rodeó de sus antiguos carceleros, como si el hombre no quisiera dejar la cárcel en la que estuvo.

Al principio éramos solo cinco escoltas. Salíamos uno por uno un par de días de descanso. Luego ya éramos dos grupos, de cinco y cinco. Los fines de año un grupo salía el 24 y otro el 31 de diciembre. El fin de año de 1983 me tocó salir el 31 y llego el dos de enero, del 84. El jefe de escoltas, Germán Gutiérrez, me dice: "Tenés que reportarte". Ya estaba toda la seguridad (agentes de la Seguridad del Estado). Yo estoy inocente. Había una oficina que tenía la oficina de Seguridad del Estado en Bolonia, antes de entrar al Hospital Militar, antes de Auditoría Militar. Empiezan a interrogarme: "Mirá, nosotros sabemos que andás en malos pasos, tenemos presos a tu papá, a tu mamá, confesá, cuáles son los contactos que tenés en Costa Rica". Y yo inocente. Nada que ver con eso. Me hicieron escribir o relatar todas las actividades que yo hacía cuando salía de permiso. Seguro ya me habían investigado y querían comparar con lo que yo decía. Pasé 15 días ahí en Prevención. Lloraba. Tenía 19 años. Obviamente me tenían incomunicado. Nadie de mi casa sabía. Mi familia creía que yo andaba trabajando. Me sacaron y me dijeron: "Andate para tu casa y no te movás de ahí". Yo no les hice caso y me fui a trabajar con mi papá.

Así pasé, desde el 17 de enero que salgo para la casa hasta el 12 de marzo del 84 que me capturaron cuando estaba esperando el bus para Nindirí. Veo venir un UAZ (jeep militar ruso). Y reconozco a uno de ellos que va ahí, pero como estaba en la caseta no me vieron. Desde la caseta se miraba la entrada a mi casa. Vi que se bajaron como que se iban a llevar a un criminal. Me dio tiempo de montarme en el bus e irme para la radio. No estaba mi papá, solo la secretaria de él.

—Me vienen a capturar, para que le digás a mi papá —le dije.

Como a los cinco minutos ahí estaban. Con lujo de violencia me montaron al UAZ. "Vas preso", me dijeron. Me llevaron directamente a una celda, y me sacaron solo para declarar. ¿Qué por qué yo estaba ahí? Me tuvieron dos días ahí y después me mandaron a la cárcel de Veracruz, donde ahora es la Cárcel de Mujeres. En un galerón. Ahí pasé ocho meses, 20 días y 12 horas. Eso lo tengo grabado en piedra en mi cerebro. Sin juicio. No me llevaron a ningún lado. Yo era inocente. Si yo hubiese querido hacer algo lo hubiese hecho. Si yo a veces quedaba con Daniel Ortega solo en el vehículo. O cuando dormía en casa.

Mi papá me decía que me ponía un abogado y yo que no, pero me preocupé cuando llegué a los seis meses. Una vez llegó uno de los jefes de grupos escoltas en ese entonces, Alan Vallecillo, a visitarme, y le dije:

—Preguntale al jefe por qué me tiene aquí. Él sabe que yo no he hecho nada. Soy inocente. No sé por qué estoy preso.

A final le digo a mi papá que me buscara un abogado. Si hasta una querida de mi papá tenían presa, me dijeron. Todo el problema conmigo era por mi familia. Mi papá que era antisandinista. En un principio era sandinista, porque hasta en la radio tenía un retrato de Sandino del tamaño de la pared. Y mi tío que luchó contra Somoza, y después se fue al exilio. Le cerraron la radio. Por él fue que me echaron preso. Por mis familiares.

Salí indultado. En esos días llegó sancionado por 15 días el que era el jefe de escoltas de Luis Carrión, que era segundo del Ministerio del Interior. Le expliqué que estaba desesperado, que no sabía de qué se me acusaba. Me acusaban de contra-rrevolucionario. Imagínese. Pusimos la abogada con mi papá.

Yo le expliqué a este compañero. Salió el carajo que era escolta de Luis Carrión y a los cinco días salí yo. Me dieron la orden de libertad firmada por Tomás Borge. En ese momento Tomás Borge era lo máximo para mí.

Me voy a trabajar a la radio de mi papá. Me quedé todo el tiempo. No tenía por qué irme de Nicaragua. Después que me desintoxiqué ideológicamente, porque a uno le lavan el cerebro ahí, nunca más oculté mi forma de pensar.

Distanciamientos

"Que seas una personalidad no significa que tengas personalidad".
Pulp Fiction, 1994

Y a instalado Daniel Ortega como coordinador de la Junta de Gobierno en los primeros días después de 19 de julio de 1979, Rosario Murillo se convierte en su secretaria, dada la experiencia que tenía por el tiempo que fue secretaria de Pedro Joaquín Chamorro en La Prensa. Ella era la jefa de su despacho. La relación de trabajo duraría poco más de un año, porque pronto afloraron los conflictos. Ella sostenía una crítica fuerte contra los empresarios del Frente Sandinista y atizaba una batalla contra el sacerdote Ernesto Cardenal, ministro de Cultura, con el interés de tomar el control del manejo cultural del gobierno. Daniel Ortega no la enfrentó pero tampoco la apoyó totalmente y ella termina controlando una organización gremial que se llamó Asociación Sandinista

169

de Trabajadores de la Cultura (ASTC), que luego la convirtió en el Instituto de Cultura, un poder paralelo al Ministerio de Cultura que siguió manejando Cardenal.

La ASTC volvió a juntar a Rosario Murillo y Gioconda Belli. Francisco de Asís "Chichí" Fernández era el presidente, pero Murillo empezó a mostrarse interesada en colaborar y llegaba a las reuniones con rosquillas, de tal forma que "nos convencimos que sería buena secretaria general y la elegimos", dice Belli. Pasada la luna de miel, Murillo mostró otro rostro. "Era muy dura con quienes dudaban o criticaban. Era fácil que llamara contrarrevolucionarios a los que disentían. Poco a poco fuimos conociendo su lado intrigante y peligroso porque era capaz de manipular la realidad y echar a unos artistas en contra de otros. Llegó a ponernos a los escritores como los conflictivos y nunca dejaba de asombrarnos cómo podía tergiversar las cosas para que quedáramos mal o para que los demás nos vieran como indómitos y peligrosos".

Esa vez, dice Belli, se dio cuenta que Murillo no conocía los escrúpulos y que era capaz de inventar, mentir y tergiversar para lograr lo que se proponía. Lloraba cuando le convenía. Así le socavó el piso al sacerdote Ernesto Cardenal, en el Ministerio de Cultura, hasta que logró anularlo y creó ella el Instituto de Cultura. "Pasamos de ser una asociación gremial (la ASTC) a un ente del Estado, de un día para otro. Nos rebelamos y tuvimos enfrentamientos fuertes con ella y Daniel".

"Cuando se perdieron las elecciones ya no había Ministerio de Cultura porque la Rosario había acabado con él. Ella siempre había querido ser ministra de Cultura, pero siendo presidente su marido, era bastante feo. Logró que dejara de haber Ministerio de Cultura y en vez de eso hubiera Instituto de Cultura", dice Ernesto Cardenal en sus memorias, *La revolución perdida.*

Belli agrega: "Rosario era una persona vengativa, fanática de sus creencias y opiniones, y peligrosa porque podía recurrir a la ficción para construir la realidad que más le convenía. Era como es hoy. No distingue entre el bien y el mal, y se inclina por cualquiera de los dos cuando así le conviene. Es una persona sin ética y sin escrúpulos. Y eso lo estamos viviendo en Nicaragua y creo que ahora ya ha llegado a no poder distinguir la verdad de la ficción que ella se inventa. Por eso es tan exagerada en sus declaraciones. Quizás necesita decirlo tanto para medio creérselo ella misma".

Conflictos como el de "cultura" van marcando un distanciamiento entre Daniel Ortega y Rosario Murillo. En la ASTC empieza a tener enfrentamientos con Carlos Fernando Chamorro y Bayardo Arce que dirigían el Departamento de Agitación y Propaganda (DAP). Ella se sintió desprotegida porque Daniel Ortega no la respaldaba y hacen un quiebre muy fuerte. En respuesta, Murillo empezó a tejer un mundo con los artistas. Un mundo muy suyo.

—¡Me quito el traje de primera dama! —le gritó a quien pudiera oírla.

Eso sucedió en 1987, después del nacimiento de su hija Camila. Fue la época en que ella decide vestirse de licras, hacerse peinado punk y se dedica a organizar fiestas en su

casa. Dentro de la casa, donde antes estaba un gimnasio, diseñó una especie de discoteca de alfombra roja y cojines en el
suelo que llamó La Tortuga Morada, en alusión a una famosa
discoteca de la vieja Managua donde el mundillo hippie llegaba
a encontrarse, bailar y fumar marihuana. Algunos aseguran
que era una mujer feliz. Había temporadas en que se escapaba
de la casa y solo regresaba días después sin dar explicaciones
a nadie.

A las siete de la noche se veía llegar a esta pandilla de poetas,
bailarines, músicos, pintores y bohemios, unos 15 tal vez, a la
casa de El Carmen y salían ya con la luz del día cuando los
niños estaban buscando cómo ir a clases.

A Daniel Ortega no parecía molestarle esta situación y
siguió su vida indiferente. El comportamiento de ambos era el
de una pareja separada viviendo en la misma casa.

Para la campaña electoral de 89, por primera vez Ortega le
pide que se quede al margen.

—No te metás, andá hacé tu vida.

—Vas a perder —le advierte ella.

Murillo le toma la palabra y se va para México, en una especie de vacaciones, ajena a todo el alboroto político que vivía
Nicaragua. Se lleva a muchos de aquella pandilla bohemia de
su versión de La Tortuga Morada. Se le veía de paseo, en fiestas
y de compras, con ese look medio hippie con que asumió esa
etapa.

El 25 de febrero de 1990, Violeta Barrios de Chamorro, candidata de la Unión Nacional Opositora (UNO) derrotó a Daniel Ortega, candidato por segunda vez del Frente Sandinista, en unas elecciones adelantadas como resultado de la crisis que vivía Nicaragua. Los resultados fueron sorprendentes. Barrios obtuvo el 55 por ciento de los votos. Ortega aceptó la derrota a la mañana siguiente.

Esta derrota electoral marca el reencuentro entre Daniel Ortega y Rosario Murillo. Ella regresa de México y lo acuerpa. Y le recuerda además:

—Te lo dije.

Con ese regreso, de alguna manera triunfante, le está reforzando ese poder mítico que siempre ha pretendido sobre él. Ella le demuestra que fracasó el proyecto político que emprendió solo, le recuerda sus problemas de salud, le cuestiona ese mundo de amigotes y le señala cómo las advertencias que ella le hizo sobre quienes lo iban a traicionar se vienen cumpliendo. Finalmente, en 1998, se produce la denuncia por abuso sexual de su hijastra Zoilamérica, y ella le da la espalda a su hija y cierra filas con él.

—Todo lo que me hiciste en el pasado aquí te lo devuelve la vida —le dice. Y partir de ahí logra el control sobre él que buscó toda su vida.

Caso Zoilamérica

"Somos lo que elegimos ser".
Spiderman 3, 2007

Un día de finales del 2012 recibí un inusual mensaje de Zoilamérica Ortega Murillo:

—Fabián, ¿podríamos reunirnos un día de estos? Quiero contarte mi caso porque confío en vos.

—Claro que sí —le dije atento a una entrevista que llevaba años buscando.

—No es para entrevista —aclaró sin embargo—. Ahí te contaré.

Zoilamérica denunció en marzo de 1998 a su padrastro Daniel Ortega Saavedra por abusos deshonestos desde que ella tenía once años, y de violación a los quince. Llevó el caso a los tribunales pero la justicia nicaragüense, en gran parte controlada por el mismo Ortega, le cerró las puertas. Desde hacía seis años su voz se había desaparecido prácticamente de los medios de comunicación. Desde la campaña electoral del 2006 y el posterior triunfo de Daniel Ortega y Rosario Murillo, se rumoraba con insistencia que la familia se había entendido, y que Zoilamérica estaba trabajando con quien hace unos años denunció como su violador. Incluso, se decía, que ella era la dueña del hotel Seminole, uno de los más importantes de Managua, recientemente comprado por la familia Ortega Murillo.

Llegué a la cita con sentimientos encontrados. Por un lado me seducía la posibilidad de que el encuentro derivara en la entrevista buscada; por el otro, sentía curiosidad y también un poco de temor. Si es verdad que ella está trabajando de cerca con el Gobierno, es probable —pensaba— que quiera hacerme a través de ella alguna oferta o amenaza, una práctica de la que se hablaba mucho en esos años, pero que en honor a la verdad nunca, por suerte, he recibido. Nos reunimos en la Casa del Café, en Los Robles, Managua, y ella se hizo acompañar de un periodista boliviano, Carlos Ariñez Castel, a quien me presentó como su pareja.

—Quiero contarte todo para que seas testigo de mi situación por si me pasa algo —soltó—. He escogido a ciertas personas para contarles. Voy a hablar también con monseñor (Leopoldo) Brenes.

En un largo relato, Zoilamérica desmintió que hubiese llegado a un acuerdo monetario para retirar su demanda. Reconoció que retiró su caso de la Comisión Interamericana de Derechos Humanos (CIDH) porque no avanzaba y quería tener paz en su vida. Se quejó que la justicia nicaragüense le dio la espalda y que, contrario a lo que se pensaba, la llegada al poder de Ortega no había significado una tregua sino el recrudecimiento de la persecución contra ella y los suyos, ahora con todo el control del aparato estatal. "Soy una muerta civil", dijo. Prometió que todo esto lo diría en una entrevista, más adelante, cuando estuviese lista, y que esa primera entrevista iba a ser conmigo. Y cumplió.

"Daniel Ortega Saavedra me violó en el año de 1982. No recuerdo con exactitud el día, pero sí los hechos. Fue en mi cuarto, tirada en la alfombra por él mismo, donde no solamente me manoseó sino que con agresividad y bruscos movimientos me dañó, sentí mucho dolor y un frío intenso. Lloré y sentí náuseas. Todo aquel acto fue forzado, yo no lo deseé nunca, no fue de mi agrado ni consentimiento, eso lo juro por mi abuelita a quien tengo presente. Mi voluntad ya había sido vencida por él. Él eyaculó sobre mi cuerpo para no correr riesgos de embarazos, y así continuó haciéndolo durante repetidas veces; mi boca, mis piernas y pechos fueron las zonas donde más acostumbró echar su semen, pese a mi asco y repugnancia. Él ensució mi cuerpo, lo utilizó a como quiso sin importarle lo que yo sintiera o pensara. Lo más importante fue su placer, de mi dolor hizo caso omiso".

El martes 3 de marzo de 1998, el mundo escuchó estupefacto el crudo testimonio de Zoilamérica Ortega contra el hombre más poderoso de Nicaragua. "Juro que todo lo que contiene este testimonio es la verdad y nada más que la verdad; en él encontrarán las evidencias de una vida cercenada y la depravación de un hombre que fue protagonista de una revolución social y política, presidente de la República y actual líder del principal partido de oposición", dijo en una sencilla conferencia de prensa en las instalaciones del Centro Nicaragüense de Derechos Humanos (Cenidh).

Afirmó que fue acosada y abusada sexualmente por Ortega desde los 11 años, y que mantuvo el silencio durante 20 años "producto de arraigados temores y confusiones derivadas de diversos tipos de agresiones que me tornaron muy vulnerable y dependiente de mi agresor". Dijo en su testimonio que fue sometida a un régimen de prisión, persecución, espionaje y acecho desde la propia casa de los Ortega Murillo, con la finalidad del sostenido abuso que comenzó en 1978, cuando vivía con su madre, Rosario Murillo, en San José, Costa Rica.

"Daniel Ortega, cuyo seudónimo era Enrique, desde un inicio me inspiró miedo y desconfianza por la forma rara de mirarme desde entonces; fueron muchas personas desconocidas las que llegaban a aquella casa, con quienes jamás tuve cercanía. Después de algunos días, me enteré que aquel hombre extraño era comandante, una persona muy importante para el resto de la gente y que sostenía con mi mamá una relación de pareja".

"Fue en este país y en los primeros meses que él se vinculó a nosotros, que comenzó su acoso con bromas y sugerencias de juegos malintencionados, en los que me manoseaba y obligaba a tocar su cuerpo. Luego, cuando el tiempo fue avanzando y se me presentaron las primeras manifestaciones de menstruación, decía: 'Vos ya estás lista', sin que interviniera confianza ni relación de afecto alguno. Después me asaltaba sorpresivamente en lugares oscuros para tocarme y durante mis baños me espiaba por encima de la cortina, escondiendo mi ropa interior y bromeando con ella, algunas veces llegó a hacerlo en público. En muchas otras ocasiones amenazó con penetrar al baño estando yo adentro, advirtiéndome de que probaría lo que era bueno".

Para esas fechas, 1978, Daniel Ortega tenía 34 años y Zoilamérica 11. Ortega además era una figura de poder dentro del Frente Sandinista y la pareja sentimental de Rosario Murillo. "Yo resentí de mi madre su lealtad a mi agresor, yo sentía que siempre lo prefirió a él que a mí, sus atenciones y gestos de cariño siempre eran para mi agresor. Él me inspiraba mucho miedo y no fui capaz de decirle a ella lo que estaba viviendo y sufriendo, pues no sabía si me creería".

"En una ocasión que recuerdo muy bien, mientras dormía en el sofá y al despertar, él se encontraba mirando un video pornográfico sin importarle mi edad y mi condición de hija de su compañera de vida; en reiteradas oportunidades me mostró revistas *Playboy* que yo rechazaba pero que me obligaba a ver; también me mostró un vibrador que intentó usar, pero no le funcionó. Él siempre intentó despertar en mí algún tipo de sensación y placer, trató de pervertirme y me hizo objeto de su depravación y manipulaciones de mi cuerpo de niña en tránsito a la adolescencia. Intentó explotar mi sexualidad incipiente a fin de complacer sus instintos y vicios sexuales; de mi parte, siempre encontró resistencia, rechazo, repulsión, asco y escalofríos".

Dice Zoilamérica en su testimonio que Ortega le dio explicaciones míticas de lo que sucedía. Le decía que la vida la había conducido hacia él, después de tantos años de lucha, como una especie de premio y que esas condiciones difíciles eran parte de su destino. Que ella estaba predestinada para él. Esa era su forma de darle amor.

De la denuncia pública en marzo de 1998, Zoilamérica pasó la acusación contra Ortega en los tribunales en agosto de ese mismo año. La justicia nicaragüense, sin embargo, le dio la espalda. Durante cuatro años el caso permaneció engavetado, sin avanzar en ningún sentido, hasta que en 2001 reapareció con inusitada celeridad. ¡Fue resuelto en una semana! El 12 de diciembre de 2001 Daniel Ortega renunció finalmente a su inmunidad como diputado de la Asamblea Nacional para enfrentar el caso, y el 19 de ese mismo mes la juez Primero del Distrito del Crimen de Managua, Juana Méndez, lo sobreseyó definitivamente de los delitos de abusos deshonestos, violación y acoso sexual que interpuso contra él su hijastra por "prescripción de la acción penal que argumentó la defensa".

La juez Juana Méndez es una mujer de origen campesino, exguerrillera sandinista, que durante los años ochenta trabajó en el Ministerio del Interior y a quien con frecuencia se le ve en las celebraciones sandinistas, con camisetas con el rostro de Ortega en ellas. Méndez también estuvo a cargo del caso contra el expresidente Arnoldo Alemán, que fue usado por el Frente Sandinista para tomar ventaja en el control de las instituciones a través de la política de premios y castigos judiciales a que lo sometió para conseguir concesiones políticas del Partido Liberal Constitucionalista (PLC) que dirige Alemán.

Méndez tuvo una rutilante carrera en el Poder Judicial. Ingresó tardíamente a la universidad a estudiar Derecho, en 1990, y se graduó en 1993. Al año siguiente es nombrada juez Quinto Local del Crimen de Managua y luego como juez Primero del Distrito del Crimen. En el 2003 fue nombrada magistrada de Apelaciones de Managua y en el 2007 fue juramentada por la Asamblea Nacional como magistrada de la Corte Suprema de Justicia, el máximo órgano del Poder Judicial en Nicaragua. En 2018 continuaba en el cargo porque había sido reelecta dos veces más.

Méndez alegó que Zoilamérica nunca presentó las pruebas en el tiempo que debía hacerlo, y de ahí derivó la figura de "prescripción de la acción penal" que liberó a Ortega sin siquiera entrar a juicio. El abogado de Zoilamérica, Carlos Icaza, reaccionó airado a la resolución: "¿Cómo están decidiendo que ya prescribió si no la han escuchado (a Zoilamérica)?", se preguntó. Dijo que había "algo feo" en la sentencia de la juez y que "el Poder Judicial está corrupto y se ha convertido en un monstruo de mil cabezas".

Con la resolución apresurada del caso "Zoilamérica Ortega contra Daniel Ortega" se quiso salir al paso a una acusación por negación de justicia que Zoilamérica llevó a la Corte Interamericana de Derechos Humanos (CIDH) el 27 de octubre de 1999. "Después de pasar dieciséis meses visitando la Asamblea Nacional, y esperando que se le quitara la inmunidad a Daniel Ortega para que fuera a los tribunales y poder yo demostrar lo que había denunciado, decidí recurrir a un tribunal internacional, la Comisión Interamericana de Derechos Humanos", dijo a la revista *Envío*.

Después de escuchar a las partes, o sea a la representación de Zoilamérica y a la del Estado de Nicaragua, la CIDH admitió la acusación el 15 de octubre de 2001, y dos meses después es que se reabre intempestivamente el caso en Nicaragua.

"Con la sentencia de prescripción del delito que decretó la juez Juana Méndez en favor de Daniel Ortega en diciembre 2001, se trató de demostrar, también ante la CIDH, que no hubo denegación de justicia. Como si la denegación de justicia dependiera de un papel o de una sentencia. ¿Cómo con un 'juicio' como el de diciembre, que duró menos de una semana, y en el que no se me permitió una sola declaración, ni decir siquiera una sola palabra, ni mucho menos presentar testigos o pruebas, pueden borrarse como prescritos diecinueve años consecutivos de abuso sexual?", reaccionó Zoilamérica.

El 4 marzo 2002, ya con Enrique Bolaños en el poder, el Gobierno de Nicaragua aceptó llegar a una solución amistosa con Zoilamérica, reconociendo de esta manera haberle negado acceso a la justicia.

Dos años más tarde, el 8 marzo de 2004, en un programa radial a propósito del Día de la Mujer en el que Rosario Murillo participaba, se recibió una sorpresiva llamada de Zoilamérica, que fue interpretada como una reconciliación y el punto de partida para las especulaciones que se vendrían luego y que ella prometió aclarar en una entrevista.

—Yo creo que es hora de sumar —dijo al aire en la emisora, Radio Mujer— es hora de dejar atrás aquellas cosas que en algún momento nos hayan impedido reconocer lo que somos, como mujeres y que ese poder, estoy segura va a sumar a muchos corazones y nos va a seguir contagiando.

Después de más de seis años de silencio, Zoilamérica Ortega Murillo decidió hacer la entrevista, que fue publicada en mayo del 2013, en el Diario La Prensa. A pesar de todo, Zoilamérica es pura sonrisa. Alta, morena y con un pelaje azabache que cae en cascada. Pidió que en la entrevista estuviesen sus dos hijos mayores. Quería que sean testigos. Es más, dijo que la decisión de hablar con un periodista la tomó junto con ellos. Quiere hablar porque se siente acosada y porque flotan en el ambiente varias preguntas. ¿Por qué retiró la demanda de la Comisión Interamericana de Derechos Humanos? ¿Hubo arreglo económico? ¿Era mentira lo de la violación? "Sí, sí, sé que hay muchos rumores", dijo esta mujer que reconoce estar sometida al escrutinio público.

—¿Zoilamérica Narváez o Zoilamérica Ortega?

—Aunque traté de cambiar mi apellido, no hubo proceso que me permitiera cambiarlo legalmente —dijo—. No pude. Legalmente sigo siendo Zoilamérica Ortega Murillo y por mi trabajo estoy obligada a usar mis apellidos legales.

—¿Le incomoda usar ese apellido?

—No. Son los apellidos de mis hermanos y, claro, sería menos incómodo si no hubiese ocurrido lo que ocurrió.

—¿En qué situación está la acusación sobre violación y abuso sexual que hizo en 1998?

—En 1998 hice una denuncia e inicié un proceso de búsqueda de justicia en el país que duró cuatro años. Durante esos cuatro años el proceso terminó con una prescripción y todas las puertas de la justicia se me cerraron por completo. A ese proceso de búsqueda de justicia en el país siguieron seis años de tramitar un caso en la Comisión Interamericana de Derechos Humanos. Eso significa diez años de búsqueda de justicia nacional e internacional. A ese momento, después de diez años, y teniendo muy consciente sobre todo la realidad de mis hijos, de mi familia, y la condición de daño del estigma y la discriminación por ser considerada una enemiga política, yo tomé la decisión de retirar la demanda en 2008, lo cual bajo ninguna circunstancia ha significado retractarme de lo que dije. Nadie puede decir que he renegado del pasado. Simplemente, lo que hice fue suspender un trámite judicial para intentar buscar justicia en la vida misma, y sobre todo en tratar de buscar seguridad y estabilidad para mis hijos.

—¿Hubo un acercamiento familiar con su madre? ¿Con Daniel Ortega?

—En ese momento, en primer lugar la demanda era contra el Estado, y yo tomé contacto con ella (Rosario Murillo), por única vez, y con el procurador Hernán Estrada, para tomar la decisión del retiro de la demanda. Desde ese momento yo no he vuelto a encontrarme con ella, y con Daniel Ortega desde 1998 no tengo ningún contacto. El objetivo de ese acercamiento fue retirar la demanda, exclusivamente.

—Usted llamó a su madre, doña Rosario Murillo, mientras ella comparecía en un programa radial, en lo que pareció ser un acercamiento familiar.

—Eso fue el 8 de marzo de 2004. Fue algo más espiritual. Estaba en mi proceso de sanación y ese acercamiento fue diferente a lo que ocurrió en 2008 cuando retiro la demanda. A ese encuentro asistieron mis hijos. Mis hijos han sido testigos de eso en todo momento. He considerado que a quienes debo explicaciones, sobre mi integridad, mi transparencia, es a ellos, para nunca dar un motivo por el cual puedan sentir vergüenza de su madre. A ellos les consta, y teniéndolos a ellos como testigos el tema único del que hablamos fue que el Estado me garantizara seguridad para ellos y estabilidad laboral.

—Se entendió como la capitulación a su demanda de justicia, incluso se llegó a poner en duda su testimonio.

—Ha sido un momento muy criticado, muchas personas lo tomaron como un momento en que me rendí, en el que decidí ceder. Para mí el reconocer cuando hay que cambiar de ruta en la vida requiere de mucha valentía, y con la dignidad que siempre trato que me caracterice hice este planteamiento y procedí a hacer los trámites legales con el equipo de la Procuraduría. Si algo se puede hoy juzgar es que quizás actué de buena fe. Yo sí creí que a partir de ese momento yo iba a poder trabajar en paz, como lo he intentado hacer, que a partir de ese momento iba a dejar de ser considerada una enemiga, por cuanto en un juicio hay dos partes y quizás teniendo el juicio abierto, yo siempre iba a estar del otro lado. Lo único que pedía es ser tratada como cualquier ciudadano y recuperar mis derechos para trabajar en paz y en tranquilidad. Muy temprano supe que había una gran dosis de desconfianza y que quizá no iba a poder alcanzar lo que me había planteado en esos términos.

—Mucha gente tomó ese paso como una forma de desmentirse de lo que había dicho en su denuncia.

—Por eso estoy aquí con mis hijos, porque a ellos les consta todo lo que ocurrió en esa conversación, en esa única conversación. No existe un solo documento, una sola declaración, donde yo niegue lo que ha ocurrido. No existe una sola evidencia de retractación, y en mi trabajo estoy llevando a la práctica la experiencia personal de alguien que quiere trascender su historia, pero sobre todo no ser recordada como alguien que fue víctima de la justicia. Ese fue el sentido de quitar la demanda. No quiero ser recordada como alguien que fue derrotada por el poder político, y por eso hoy nuevamente vuelvo a hablar. Vuelvo a hablar porque hay una situación de bloqueo económico, un intento de crearme una cárcel a mi práctica institucional, de reducirme a las cuatro paredes de mi oficina, porque soy una verdad que públicamente incomoda. Quiero ser recordada como alguien que a pesar de todo no le han impedido ser feliz, no le han impedido recuperar la serenidad. Yo no tengo nada que ocultar. Si puedo dar la cara en este momento es porque no ha habido de por medio absolutamente nada de lo que tenga hoy que arrepentirme. Mi verdad sigue intacta. Está intacta en la memoria de la gente. Yo recibo a diario testimonios de personas, aun personas sandinistas, que saben que está llegando la hora en que todo mundo pierde el miedo. No quiero que el miedo vuelva a paralizarme.

—¿Usted sostiene cada palabra del testimonio de 1998?

—Absolutamente —afirmó—. Esa verdad está intacta, y está en los lugares que la justicia de Nicaragua quiso que estuviera.

La muerte de Guadamuz

*"Volveré a verte, en este lado o al otro". **The Town. Ciudad de ladrones, 2010***

F altaban unos diez minutos para la 1:00 de la tarde cuando Carlos Guadamuz bajó apresurado de su camioneta en el parqueo del Canal de Noticias de Nicaragua (CDNN), donde grabaría un programa de opinión política. Iba retrasado. Lo seguía de cerca su hijo Selim, un adolescente de 16 años que le acompañaba a todos lados esos últimos meses y que, en la práctica, le servía como asistente. El programa se llamaba *Dardos al centro* y se transmitía desde un lóbrego y precario set de la modesta estación televisiva que funciona donde originalmente era una casa de habitación de la Colonia Centroamérica, en Managua. En realidad era un programa de radio que se transmitía en televisión, en el que Guadamuz azotaba durante una hora con su verborrea implacable a los personajes y eventos, generalmente políticos, de esos días. Una cámara fija, una mesa tras la que se sentaba un sudado y a veces desaliñado Guadamuz y, a sus espaldas, un plato pintado con círculos simulando el blanco de los dardos.

Ese día Selim cargaba el bolso con el plato de cerámica que colocaba tras su padre cuando se grababa el programa.

—Cuidado se te cae —le advirtió Guadamuz al bajarse, como lo hacía cada vez que le confiaba el bolso con ese plato al que le tenía especial afecto porque fue pintado por Fidel, su hijo menor.

Mientras padre e hijo se dirigían a la entrada del canal advirtieron la presencia de un hombre de unos 40 años sentado en una jardinera. De barba escasa y aspecto humilde, parecía leer un periódico. No les llamó la atención que estuviese ahí, porque siempre encontraban personas que les pedían algún favor o dinero. Tampoco les resultó extraño que tras notar su llegada el hombre se aproximara a ellos en rápidas zancadas.

—¿Qué tal don Carlos? —le dijo a Guadamuz cuando le salió al paso e inmediatamente comenzó a disparar a quemarropa con un revólver 38 Taurus que cubría con el periódico.

—¡Hijueputa! —logró decir Guadamuz cuando el primer balazo le impactó el hígado. Otro disparo que buscaba su corazón le dio en la mano izquierda con la que quiso agarrar el periódico desde el que salían los disparos. Cuando iba cayendo al suelo, un tercer balazo le entró por la espalda y le salió por el cuello.

La reacción del hijo de Carlos Guadamuz fue instantánea. Con el bolso donde cargaba el plato golpea con fuerza en la cabeza al asesino. El golpe aturde al gatillero, quien decide huir corriendo, buscando los callejones de la colonia en un plan de fuga previamente elaborado.

—¡Agarrá a ese hijueputa! —le ordena todavía Guadamuz a su hijo desde el suelo.

El adolescente abandona a su padre herido y persigue al asesino. Lo sigue tan de cerca que siente que lo puede tocar con la punta de los dedos si extiende la mano. Lo oye respirar. El asesino dispara en dos ocasiones sobre su hombro contra el muchacho. Falla, posiblemente porque la cercanía y el movimiento le dificultan el ángulo de tiro. Intenta seguir disparando, pero los secos clic clic que salen del revólver indican que se ha quedado sin balas. Al intentar doblar en la esquina para tomar un estrecho callejón, el asesino pierde la velocidad y el equilibrio, tropieza y cae. El muchacho se abalanza sobre él y lo golpea. Con furia. Repetidas veces.

Algunos trabajadores de la televisora que han salido al escuchar los disparos se acercan a la esquina donde el muchacho continúa golpeando al asesino. Jaime Suárez, uno de los propietarios de la estación televisiva, golpea al gatillero en la cara con tanta fuerza que se le fractura la mano, mientras, un guarda de seguridad ya lo apunta con su arma de trabajo a pesar de que parece desmayado por los golpes del adolescente.

—Dejalo, lo vas a matar —le grita alguien a Selim—. Andá ve a tu papá que está solo en el suelo.

Carlos Guadamuz yace boca abajo en un charco de sangre.

—¡Ayúdeeenme! —grita desesperado el hijo abrazado a su padre agonizante, mientras cámaras de la televisora comienzan a filmar la trágica escena que estremeció a Nicaragua ese 10 de febrero de 2004.

Hasta 1996 decir Carlos Guadamuz era como decir Daniel Ortega. Atrincherado en la radio del primer lugar en audiencia en Nicaragua, Guadamuz era la voz del líder del Frente Sandinista, por ratos destrozando adversarios con su verborrea implacable, a menudo salpicada de insultos, o bien movilizando masas para apoyar cualquier causa en la que estuviera involucrado Ortega o el mismo Guadamuz, cuando ya decidió hacer carrera política por cuenta propia.

Al triunfo de la revolución, Carlos Guadamuz quería ser militar en el nuevo Ejército sandinista que se formaba con guerrilleros que pasaban sin mayores trámites a ser soldados tras la caída de Somoza. "Yo estoy como todo el mundo, de militar. Quería quedarme en el Ejército. Me iban a mandar para el lado del norte, pero entonces Daniel me dice: '¿Para qué te vas a quedar en el Ejército? Mejor andá hacete cargo de la Radio Nacional'".

El 10 de agosto de 1979 se convierte en el director de Radio Nicaragua, la voz oficial del gobierno sandinista, la emisora que llevaría hasta el primer lugar de audiencia en el país, en un caso inédito de radiodifusión oficial y que dirigiría hasta el último día de gobierno del Frente Sandinista, cuando personalmente dirigió el desmantelamiento y saqueo de los equipos para formar una nueva radio, Radio Ya, de la cual se declaró propietario.

Así explicaba cómo ese equipo estatal apareció luego a su nombre: "Primero me hicieron que lo pusiera a nombre de Nueva Imagen, que si conseguía esto a Nueva Imagen... Entonces yo les digo: '¡Un momentito, a quien le va a caer el cargo de ladrón va a ser a mí, a quien le va a caer el cargo de que estoy apropiándome de todo es a mí y lo estoy haciendo a nombre de otra gente! ¡Qué lindo!'"

Durante los años ochenta Guadamuz solo rendía cuentas a su antiguo amigo, quien ya se había convertido en uno de los nueve todopoderosos comandantes de la Dirección Nacional del Frente Sandinista, coordinador de la Junta de Reconstrucción Nacional y, a partir de 1984, presidente de la República.

Se recuerda también a Ortega siempre defendiendo a Guadamuz. Todo mundo tenía quejas de Guadamuz por su actuar irresponsable, por las cosas que decía a través de la radio que administraba o porque no obedecía a nadie más que a Daniel Ortega. En la defensa de Guadamuz, "el Loco Guadamuz", como le decían, Ortega siempre fue incondicional.

Carlos Guadamuz reconoció haberse sentido humillado por Ortega en algunas ocasiones. "El problema de Daniel es que confunde la lealtad con la servidumbre. Él no diferencia. Como su hermano Humberto, vos sos un sirviente de él. En muchas ocasiones yo fui víctima del atropello personal de Daniel. Él me atropellaba mucho cuando estábamos en el Gobierno, incluso. Me humillaba delante de los demás compañeros. Sin embargo, yo mantuve esa lealtad con él. Pero esa lealtad terminó cuando él me traicionó con lo del voto cruzado".

Guadamuz se refiere a la contienda electoral de noviembre de 1996. Carlos Guadamuz ganó en elecciones primarias la candidatura a alcalde de Managua por el Frente Sandinista, pero apareció Herty Lewites, antiguo miembro del Frente Sandinista y cercano a Ortega, quien se lanzó como candidato por el movimiento de suscripción popular Sol, que logró 46,963 votos. Guadamuz logró 98,809, pero perdió ante el candidato liberal, Roberto Cedeño, quien consiguió 110,466 votos. Guadamuz acusó a su antiguo amigo Daniel Ortega de dividir y confundir al voto sandinista.

"El rompimiento entre Daniel y yo se da desde las elecciones del 96, cuando él orienta el voto cruzado. A partir de ese momento una amistad de sangre se rompe, porque yo siento una traición. A mí Daniel Ortega me quita la Alcaldía de Managua al orientar el voto cruzado, que era darle el voto para presidente a él y el voto para alcalde a Herty Lewites", dice.

Guadamuz atribuye esa supuesta orientación de Ortega a celos de liderazgo. "En la consulta popular yo barro. Mi contrincante fue Emmett Lang, que era el representante de la estructura del partido y le pegué una enorme barrida, lo cual demostró que yo tenía una popularidad por encima de las estructuras. Cuando Daniel ve que hay un liderazgo natural, el supuesto que ellos hacen es que si Guadamuz gana la Alcaldía de Managua se convierte automáticamente en el verdadero líder del partido, porque acordate que el poder une".

194

Y remata: "Si yo llego a la Alcaldía de Managua, el sandinismo hubiera dicho: 'Ese es el hombre', porque la Alcaldía no solo es una fuente de poder, sino también una fuente de recursos'".

La ruptura marcó la caída en desgracia de Guadamuz y muchos creen que también su posterior asesinato. Quien fuera durante muchos años el "enfant terrible" de la radiodifusión, el protegido personal de Daniel Ortega, se quedó sin nada cuando en la víspera de Navidad de 1999 el gobierno de Arnoldo Alemán y la alta dirigencia de su partido, el Frente Sandinista, se confabularon para despojarlo de todo lo que tenía. La amistad de sangre con Daniel Ortega, como Guadamuz le llamaba, había llegado a su fin.

El 22 de diciembre de 1999 Carlos Guadamuz fue sacado de las instalaciones de Radio Ya, Telcor le quitó sus frecuencias, el partido lo inhibió como candidato a alcalde para las elecciones del 2000 y luego lo expulsó. Todo en cosa de horas.

"Soy un muerto civil", proclamaría Guadamuz poco después de estos sucesos.

"El Loco Guadamuz", le decían. Y él se defendía: "¿Cómo un enfermo mental puede ser durante 16 años consecutivos director de la radio del primer lugar, la que tiene mayor audiencia? Entonces en este país estamos locos todos".

Sin embargo, sí reconoció que estuvo interno en el Hospital Psiquiátrico. "Cuando estuve en la cárcel sí. Como yo fui vio-

195

lentamente torturado. Acordate que en la época de Somoza las torturas eran terribles. Y lógicamente había ocasiones en que lo mandaban al hospital a uno después de una tremenda golpeada. Una de las veces fui al Hospital Psiquiátrico, pero a consecuencia de las torturas".

Dionisio Marenco, quien tuvo fuertes enfrentamientos verbales con Guadamuz, habló en una entrevista con La Prensa sobre los demonios que habitaban en Guadamuz. "En Cuba estuvo hospitalizado, una vez tuvo encerrados en un cuarto a Humberto Ortega y al Ronco (Oscar) Turcios, con un machete en la mano, que no los dejó salir por cuatro horas. Lo tuvieron que meter al hospital, él parece que sufrió muchas torturas en la cárcel y quedó un poquito maltratado y con ciertos problemas de personalidad, serios, que creo que no es bueno hablar de las personas que están muertas, porque deben descansar en paz, pero la verdad es la verdad".

Desde los micrófonos de las radios que dirigió, Guadamuz era una bala suelta. El periodista William Grisby relata en un artículo publicado en la revista *Envío*, el siguiente episodio sobre la relación de Guadamuz, Ortega y los micrófonos de la radio:

"En julio de 1984 la entonces todopoderosa Dirección Nacional del FSLN se reunió durante seis días para discutir la estrategia electoral y, sobre todo, para designar su fórmula presidencial. En aquellos años Tomás Borge era el líder sandinista de mayor popularidad y su encendida oratoria provocaba la fascinación de las masas. Entre los cuadros del FSLN todos sabían que el entonces ministro del Interior ambicionaba convertirse en el presidente de Nicaragua, autoconvencido de que había reunido méritos históricos suficientes".

196

"Por el contrario, Daniel Ortega poseía una imagen gris, con su poblado mostacho, sus enormes y grotescos lentes y su cabello siempre desordenado. Sus discursos eran harto aburridos y espantagente y en su carácter conservaba visibles huellas de sus siete años de prisionero".

"En algún momento de la discusión de los nueve comandantes de la Dirección Nacional, la balanza empezó a inclinarse hacia la designación de Borge como candidato. Entonces Ortega relató a Guadamuz lo que estaba ocurriendo, y aunque no se sabe de quién fue la idea, lo cierto es que a la mañana siguiente Guadamuz tomó los micrófonos de la radio y lanzó un feroz discurso contra Tomás Borge, a quien acusó, entre muchas otras cosas, de traidor, delincuente, incapaz y ambicioso".

"Al final de la encerrona los nueve designaron como fórmula presidencial a Daniel Ortega y a Sergio Ramírez, ya dominante en la Junta de Gobierno. Si bien las diatribas de Guadamuz no fueron el factor determinante, sirvieron para que Ortega enseñara a sus colegas de la Dirección de cuánto era capaz para mantener el poder, sin importar las consecuencias. Esa fue la primera de centenares de intervenciones radiales en las que Guadamuz lanzó todo tipo de acusaciones y de insultos contra quien se le antojaba, habitualmente sin más pruebas que su propio testimonio. Mientras Guadamuz tuvo el soporte de Ortega jamás pagó consecuencias políticas por este modo de actuar".

Un día atacaba ferozmente a Sergio Ramírez y a Dora María Téllez, con comentarios inclusive sexuales que involucraban a las familias de estos, y al otro era al cardenal Miguel Obando o al presidente Arnoldo Alemán. Y cuando ya no tuvo radios, divorciado de Ortega, creó el programa *Dardos al centro*, que transmitía desde la antisandinista Radio Corporación y el Canal 23. Luego podía ofrecer disculpas por lo que decía.

"Sí, pedí disculpas, sí. Pedí disculpas porque me aconsejaron que lo hiciera porque en esta situación como la que se está viviendo hay que tratar, pues, de limar asperezas con todo el mundo", dice refiriéndose al caso de Sergio Ramírez y a renglón seguido acota: "Es que a mí también me estaban atacando. A mí me tenían bajo un ataque profundo en los medios que dominaba Sergio Ramírez. Eso es lo que se obvia. A mí prácticamente era al que había designado el Frente Sandinista para enfrentarme a Sergio Ramírez. No es que el pobrecito de Sergio, vine yo e indefensamente lo ataqué. Incluso, cuando se dio ese caso, que para hacer una aclaración histórica no lo dije yo, fue una información que me pasó Lenín Cerna en presencia de Julio López. 'Usalo', me dijo. Yo andaba arrecho porque ese día o un día antes en una de las publicaciones que apoyaban a Sergio Ramírez me habían sacado una cosa que yo consideraba grave contra mi persona. Yo estaba enfurecido. Entonces me dice Lenín: 'Ahí tenés, dale ese vergazo'".

Y una vez rota la amistad con Ortega enderezó sus diatribas contra su otrora íntimo amigo. "Desde los micrófonos de Radio Ya llegó a acusar a Daniel Ortega de abusar sexualmente de Rafael, el hijo mayor de su esposa Rosario Murillo, y comenzó a respaldar apasionadamente la denuncia de violación sexual que la hermana de Rafael, Zoilamérica, había hecho pública en marzo de 1998 contra Ortega, insistiendo en escabrosos detalles", relata en su artículo el periodista Grisby.

¿Quién mató a Carlos Guadamuz? El gatillero que disparó se llama William Hurtado García y fue entregado a la Policía, golpeado y amarrado. Su imagen fue ampliamente difundida. Le falló el plan de escape a pesar de los dos juegos de ropa que vestía para cambiarse durante la fuga, a pesar de la barba que, según sus vecinos del barrio San Judas, de Managua, se dejó crecer en los últimos días para dificultar su reconocimiento por los testigos una vez se afeitara, y a pesar del supuesto cómplice que lo esperaba al final del callejón en una motocicleta en la que huirían de la escena del crimen. La rápida e inesperada reacción del adolescente hijo de Guadamuz echó a perder el plan de fuga rigurosamente preparado. Posiblemente, sin esa valiente reacción el asesinato de Carlos Guadamuz hubiese quedado en el misterio, como han quedado otros casos parecidos de la historia reciente de Nicaragua. Al día de hoy, por ejemplo, no se sabe quién asesinó al jefe contrarrevolucionario coronel Enrique Bermúdez, alias 380, en un reconocido hotel capitalino en febrero de 1991, cuando vino a Nicaragua atenido a los vientos de paz que se vivían.

Otros involucrados por la Policía en el asesinato de Guadamuz fueron Margarita Membreño, esposa de Hurtado, a quien la Policía le encontró un manuscrito con orientaciones precisas de Hurtado sobre lo que tenía que hacer para confundir la investigación policial, y Luis Alfredo García, también exmiembro de la Seguridad Sandinista, dueño del revólver que usó Hurtado para asesinar a Guadamuz. García alegó que el arma se la robaron de su automóvil, aunque nunca reportó el robo.

Ante la Policía, Hurtado insistió en que actuó por cuenta propia porque "en Nicaragua hay más de un millón de personas que querían matar a Guadamuz y yo soy uno de ellos".

Sin embargo, pronto la opinión pública, familiares y amigos cercanos a Carlos Guadamuz empezaron a dirigir su dedo acusador contra la cúpula del Frente Sandinista, particularmente hacia tres nombres: Daniel Ortega, Lenín Cerna y Dionisio Marenco.

El reverendo evangélico Miguel Ángel Casco, militante del Frente Sandinista e, incluso, miembro de su Dirección Nacional por un corto período, y que en ese tiempo, expulsado de las filas rojinegras hacía equipo con Carlos Guadamuz, recordó unas amenazas de muerte que supuestamente habría expresado Dionisio Marenco el 30 de diciembre de 1999. "Estábamos reunidos a las 7:30 de la noche seis miembros de la Dirección Nacional en una de las casas del comandante (Tomás) Borge, en Bello Horizonte. Además de ver mi caso íbamos a analizar el despojo de la Radio Ya, cuando en eso entró Nicho Marenco y se dirigió a mí, diciendo: 'Quiero que sepás que me siento orgulloso de ser mafia y voy a actuar como mafia', esto en relación con mis declaraciones. Luego dijo: 'Quiero que sepan que haré todo lo posible para evitar que la Radio Ya vuelva a las manos de ese hijo de puta', refiriéndose a Carlos Guadamuz. Finalmente, me dijo: 'Juro que quien mata a Carlos Guadamuz soy yo, quien mata a ese hijo de puta soy yo. Díganle eso a ese hijo de puta'".

Casco puso de testigo de este altercado a la sandinista Martha Heriberta Valle, presente en la reunión, "quien nos llamó a la cordura cuando ambos entramos en disputa". Dice que consideró su deber advertirle a Guadamuz y ambos pusieron la denuncia en los tribunales. El caso quedó abierto, pero durmiendo el sueño de los justos durante cuatro años. Sin embargo, dos días después de la muerte de Guadamuz,

200

Marenco solicitó por escrito que el juez declarara extinta la causa por haber prescrito el delito. Dos semanas más tarde el juez Séptimo Local del Crimen, Tomás Cortez, declaró caduco el caso de "amenazas de muerte".

"Carlos (Guadamuz) perteneció a un círculo bastante reducido y la información que él manejaba era asuntos que no eran dominados por mucha gente. Perteneció a ese círculo que era casi un anillo que tenía el comandante Ortega, de quien Guadamuz fue muy amigo íntimo, casi hermano, se podía decir que se habían jurado un pacto de sangre. Lo que cambió cuando Guadamuz comenzó a atacar a Ortega y este le quitó su protección. Ortega, como ocho días después del crimen, acuérdense que dijo que a todo traidor le llega su hora", dijo entonces Casco.

La viuda de Guadamuz, Cristina López Herrera, también fue a la yugular. "Nosotros estamos claros de que no fue solo William Hurtado. Carlos Guadamuz manejaba demasiada información importantísima que a la cúpula del Frente Sandinista le hubiera hecho mucho daño. Carlos fue mandado a asesinar directamente por la cúpula del partido sandinista". Dijo además que Guadamuz escribía un libro, que avanzó hasta poco más de la mitad y en el cual revelaría muchas interioridades del FSLN.

Lenín Cerna, un hombre generalmente hermético y poco visible, forjado en la conspiración, sorprendió cuando a los pocos días del asesinato de Guadamuz, aunque negó que el Frente Sandinista haya tenido algo que ver con el hecho de sangre, dijo a periodistas: "El señor Guadamuz es un traidor. Eso es lo que fue todo el tiempo. Creo que si hubo un error de parte nuestra (del Frente Sandinista) y particularmente del comandante Daniel Ortega, fue haberlo tolerado tanto tiempo". Y ahí mismo reconoció que Hurtado, el asesino, sirvió bajo su mando y "fue un excelente compañero" que trabajó en una oficina secreta de la DGSE. "No tiene mal expediente", acotó.

Marenco reaccionó de forma parecida. Cuando la periodista Consuelo Sandoval, del diario La Prensa, le preguntó si "Guadamuz merecía morir de esa manera", Marenco respondió: "Creo yo, honradamente, que si no encontramos una manera civilizada de saber hasta dónde llega la libertad de cada quién, te estás exponiendo a que ocurran este tipo de cosas; no lo estoy justificando, pero estoy tratando de entender qué es lo que pasa, qué es lo que siente un ciudadano cuando lo viven insultando permanentemente hasta que se molesta, hay gente que tiene hijos".

Daniel Ortega no dijo una palabra públicamente sobre la muerte de su antiguo amigo íntimo. Al menos no explícitamente. El 21 de febrero, 11 días después del asesinato, en un acto de campaña electoral se refirió tangencialmente al caso: "Ahora intentan manipular muertos para tratar de confundir al pueblo nicaragüense, para tratar de evitar una victoria del Frente Sandinista y la Convergencia Nacional... No les queda más que la manipulación y nada más fácil que manipular a los muertos".

Quien sí reaccionó, en términos muy duros, a pesar de la animadversión que sentía por Guadamuz, fue Rosario Murillo, cuando en una carta pública que hizo circular el 26 de febrero de ese año se declaró ofendida por las declaraciones de su marido y resto de dirigentes del Frente Sandinista sobre este caso. "No podemos aprobar acciones que no fortalecen la identidad mítica del sandinismo. Podemos entender y comprender motivaciones, pero no creo que la mayoría de las y los sandinistas (…) estemos de acuerdo en reivindicar, validar o justificar acciones o actores que, aún con intenciones explicables, demeritan, debilitan, opacan y apagan, en gran medida, la llama votiva de nuestro ideario y nuestra práctica revolucionaria", dijo en la carta.

Cuando la Comisión de Derechos Humanos de la Asamblea Nacional propuso que se solicitara ayuda a organismos internacionales de investigación como el FBI o la CIA, Daniel Ortega se opuso rotundamente a esta posibilidad. "Es absurdo que estemos pidiendo el apoyo a gente que no puede resolver el problema del crimen en su propio país, y de crímenes políticos, como el de (John F.) Kennedy y el de Martin Luther King, por mencionar algunos".

"Yo creo que suficiente trabajo tiene el FBI y la CIA, allá en Estados Unidos, donde no han podido develar una cantidad de crímenes que se han cometido, como el de Kennedy. Tienen mucho trabajo allá. Estados Unidos tiene el índice de criminalidad más alto del mundo. Ciudades norteamericanas, incluso Washington, tienen un alto índice de criminalidad", insistió.

El 20 de febrero el asesino de Guadamuz, William Hurtado, compareció ante los tribunales y se declaró culpable. "Me declaro culpable del ilícito que se me imputa. Asumo la responsabilidad personal e individual", dijo ante la juez Rafaela Urroz. Con ello evitó el juicio. La juez lo condenó a 21 años de prisión: 18 años por el delito de asesinato como pena principal y tres por tentativa de homicidio contra Selim Guadamuz. Exoneró a la esposa de Hurtado y al dueño del arma asesina.

"El único delito por el cual merece que la autoridad judicial imponga la pena máxima se denomina asesinato atroz", justificó la juez Urroz.

Sin embargo, una mano invisible seguía protegiendo a Hurtado. Cuatro años después salió de la cárcel debido a que recibió el beneficio de "régimen de convivencia familiar extraordinaria" atribuido a "razones eminentemente médicas", explicó la ministra de Gobernación, Ana Isabel Morales. El dictamen de Medicina Legal abundó en dolencias: "Tiene episodios de mareos, pérdida de consciencia y se desmaya, sufre emiparecia y emiestecia izquierda, focalización neurológica que afecta los pares craneales 2, 7, 11 y 12, con poliquenia cerebral, consecuencia de la crisis hipertensiva. También presenta luxación de hombro izquierdo, producto de la esquemia cerebral, por lo que ha sufrido desmayos en varias ocasiones". También presentaba cardiopatía mixta descompensada, que le persiste de un accidente cerebrovascular, considerado además como factor de alto riesgo, tales como el bloqueo aurículo ventricular, el estrés carcelario, (que) no responde adecuadamente al tratamiento médico".

Puesto así, parecía que Hurtado moriría en cualquier momento. Pero a las pocas semanas de haber salido de la cárcel circularon por los medios de comunicación unas fotos en las que se veía a William Hurtado García, el asesino de Carlos Guadamuz Portillo, el reo en alto riesgo de muerte, bailando alegremente en lo que parecía una fiesta familiar.

Los renovadores

*"Yo solo puedo mostrarte la puerta,
tú eres quien la tiene que atravesar".*
Matrix, 1999

Daniel Ortega y Sergio Ramírez llegarían a ser un binomio de poder en el Frente Sandinista, primero, y en el Gobierno de Nicaragua, después. Ambos fueron miembros de la Junta de Gobierno de Reconstrucción Nacional que gobernó Nicaragua desde 1979 hasta 1984, y luego presidente y vicepresidente, respectivamente, como resultado de las primeras elecciones que se realizaron en el periodo revolucionario. En 1990, cuando ambos repetían como candidatos del Frente Sandinista, fueron derrotados por Violeta Barrios de Chamorro. Eran una especie de "one-two" como se dice en boxeo. Diferentes y complementarios. Daniel Ortega ponía la veteranía guerrillera, su ascendencia en el Frente Sandinista, el verde olivo; y Sergio Ramírez el factor intelectual, las relaciones diplomáticas, la suavidad del civil y la estrategia política.

"Yo participaba en la dirección política de la tendencia tercerista durante la lucha. Porque tenía responsabilidades muy grandes: el dinero, viajar, la parte diplomática. La cara política la daba yo", explica Ramírez. "Con Daniel tuvimos una relación personal en el sentido que éramos capaces de bromear, pero no de que él entrara en mi vida privada o yo en la de él. Él siempre guardaba esa distancia por su mismo carácter. Cuando empezó a relacionarse con Rosario Murillo yo lo sabía porque estaba a la vista, pero no es porque me haya dicho me enamoré de esa mujer".

Para mediados de 1978, había una gran tensión entre el Estado Mayor del Frente Interno y la dirección tercerista en Costa Rica. Oscar Pérez Cassar, jefe del Frente Interno, donde estaban también Dora María Téllez y Joaquín Cuadra, descalificaba a quienes dirigían desde el extranjero. La actitud era de "por qué no está el mando político aquí si nosotros estamos corriendo los riesgos".

—Fijate que me están presionando allá del Frente Interno —le habría dicho Ortega a Ramírez en los primeros días de 1979—. Que si quiero tener el mando interno tengo que estar adentro.

—Creo que eso es una trampa estúpida —replicó Ramírez— ya estamos llegando, estamos en la recta final y correr el riesgo de que te maten en Nicaragua no tiene ningún sentido. La dirección está donde se le necesita. Esta es una retaguardia importante, la guerra se va a dirigir desde aquí, no puede dirigirse desde Managua.

"Ese consejo le vino muy bien, y yo creía sinceramente que eso era así. Eso es lo que le habían hecho a Carlos Fonseca. Es la misma tesis que había llevado a la muerte a Carlos", reflexiona Sergio Ramírez.

"Éramos dos personas que se tenían confianza política, y personal, a veces teníamos contradicciones, chocábamos y las resolvíamos".

Cuando atendían a la prensa extranjera y algún periodista le preguntaba a Ortega algo en inglés, él pedía a Ramírez que contestara. "No era un hombre que se avergonzara de sus limitaciones. Él tenía otras compensaciones, se consideraba un hombre al que le había costado la causa, que había arriesgado su vida, que había estado en la cárcel, en la lucha".

"El que funcionaba de verdad como pivote de mando en el Gobierno era Sergio", dice el comandante Henry Ruiz, quien fuera miembro de la Dirección Nacional y ministro de Planificación y Finanzas en los años 80. "¡Daniel es de una informalidad horrible! Es especialista en la delegación. Por eso cuando a mí me dicen que Daniel gobierna, solamente hago una simetría de lo que fuimos nosotros y veo a la Rosario de secretaria ejecutiva, antes de que fuera vicepresidente".

En 1984, cuando el gobierno revolucionario decide realizar elecciones para darse la legitimidad de los votos, la Dirección Nacional vuelve a escoger a Daniel Ortega como el candidato del Frente Sandinista para presidente, por las mismas razones que en 1979 lo habían escogido para coordinador de la Junta de Gobierno de Reconstrucción Nacional: impedir que uno de los tres grandes emergiera como "el líder". Es que la lucha entre las tendencias y los comandantes no terminó con la unificación de 1979. Todos desconfiaban de todos. A los funcionarios de protocolo se les hacía muy difícil organizar actividades porque ningún comandante aceptaba colocarse en una posición que pudiera interpretarse menor que la de otro. Los espacios y jerarquía con que Barricada —el periódico oficial sandinista— organizaba sus titulares y noticias también era un lugar de enfrentamiento. Por qué Fulano de Tal sale en portada y yo adentro, o por qué aquel está arriba y yo abajo, eran las discusiones.

La figura presidencial acaba de alguna manera con esa lucha de egos. El manejo protocolario se vuelve más institucional. Ya no todos pueden estar en primera fila una vez que Daniel Ortega es presidente. La Casa de Gobierno, incluso, comienza a tomar más decisiones en detrimento de la Dirección Nacional.

Henry Ruiz votó, a pesar de sus reservas, por la designación de Daniel Ortega para la Presidencia. "Estábamos con el cuento que había que defender la revolución. Ahí es donde nosotros cometemos la falla porque ahí andaba Tomás (Borge) queriendo ser el gordo. Pero Tomás no reunía las características para un presidente. Nos había dado muestras de informalidades, no atendía el ministerio, le gustaba andar enganchado en las peanas. ¿Me explico? Un demagogo pues".

Daniel Ortega asegura que él escogió a Sergio Ramírez para ser su vicepresidente en 1984, y lo volvió a escoger en 1989.

El 10 de enero de 1995, Ramírez convocó a una conferencia de prensa en su oficina de Las Palmas, Managua, para anunciar su renuncia a la militancia del Frente Sandinista. La relación con Ortega que se cultivó desde 1977 estaba rota. "Me duele esta renuncia pero ya era inevitable", dijo Ramírez. "Este Frente Sandinista se acabó, ya no ofrece nada al pueblo".

La ruptura se produce como consecuencia de las contradicciones políticas que afloraron después de la derrota electoral de 1990. Por disposición legal, los candidatos a presidente y vicepresidente que quedaban en segundo lugar pasan a ser diputado propietario y diputado suplente, respectivamente. Pero una vez fuera del Ejecutivo se decide que Ortega atienda al partido, como su secretario general, y Ramírez asuma la curul, como jefe de la bancada sandinista. Esa redistribución del trabajo conlleva un distanciamiento, pues Sergio Ramírez comienza a trabajar con bastante independencia y hace parte de una especie de triunvirato al margen de Daniel Ortega, que funcionó hasta el momento que se plantearon hacer reformas a la Constitución Política del país.

"La disputa por las reformas constitucionales terminó de poner fin a la alianza que se había abierto entre Antonio Lacayo, Humberto Ortega y yo, desde el Gobierno, el Ejército y la Asamblea Nacional. Esa alianza, que desbordó el marco del FSLN y actuó no pocas veces en contra de los criterios de la Dirección Nacional, dio frutos mientras los tres pudimos mantenernos unidos alrededor de la búsqueda de la democratización, la estabilidad y el fortalecimiento de las instituciones", reconoce Ramírez en sus memorias.

Muchas figuras de la intelectualidad sandinista como Ernesto Cardenal, Gioconda Belli y Carlos Tünnermann, entre otros, ya se habían desmarcado del FSLN, a cuya cúpula acusaban de llevar al partido por el rumbo equivocado. Habían abandonado el partido inconformes por los patrones autoritarios con que se seguían manejando las estructuras y por la oposición oficial al proyecto de reformas que entre otras cosas prohibía la reelección presidencial e impedía que los parientes del gobernante de turno pudieran presentar su candidatura a la jefatura del Estado. La gota que derramó el vaso fue una campaña injuriosa que salió desde los estudios de Radio Ya, dirigida por Carlos Guadamuz, una figura que se asociaba directamente a Daniel Ortega.

"Yo no estoy más en una Dirección Nacional donde se organizan campañas difamatorias de todo tipo. No puedo estar sentada con gente carente de ética", señaló Dora María Téllez al momento de poner su renuncia como militante y miembro de la cúpula del Frente Sandinista.

Como en aquella vieja división de 1975, veinte años después el Frente Sandinista se vio dividido en dos tendencias, la "renovadora", encabezada por Sergio Ramírez y la "ortodoxa", por Daniel Ortega. Así nace el partido Movimiento Renovador Sandinista (MRS) el 18 de mayo de 1995 y participa en las elecciones generales de 1996, llevando como candidato presidencial a Sergio Ramírez Mercado. Ramírez consiguió apenas 7,665 votos y Daniel Ortega, aunque perdió, quedó en segundo lugar con 664,909 votos.

"La última vez que vi a Daniel cara a cara fue en el año 1999", recuerda Sergio Ramírez. "Fue en un cumpleaños del doctor Joaquín Cuadra en el Mombacho. Ahí llegaba la crema y nata del país. Daniel estaba en una esquina solito. Él estaba en un medio completamente extraño. Él se entiende luego con Ramiro Ortiz, Carlos Pellas, pero no lo veo sentado en la mesa con ellos, en una fiesta o almuerzo. Nos vimos, nos saludamos y yo me acerqué donde él. Seis o siete minutos. Le pregunté si había leído *Adiós muchachos*, que acababa de aparecer, y solo se sonrió".

Nicaragua bien vale una boda

"Nunca preguntes por quién doblan
las campanas: las campanas doblan por ti".
¿Por quién doblan las campanas? 1943

L a tarde del sábado 3 de septiembre de 2005 una pareja renueva sus votos matrimoniales en una sobria y discreta ceremonia que se celebra en la capilla privada de la Universidad Católica de Nicaragua Redemptoris Mater. Cuatro sacerdotes, el abogado que los casó por las leyes antes de la ceremonia religiosa, unos pocos amigos y familiares, componen el pequeño grupo que aquel día asiste con más obligación que entusiasmo a cumplir el ritual. Los curas pertenecen a la élite de la Iglesia católica de Nicaragua en ese momento: el cardenal Miguel Obando y Bravo, los monseñores Eddy Montenegro y Francisco Castrillo, y el padre Benito Pitito. Los testigos son el doctor Rafael Solís, magistrado de la Corte Suprema de Justicia, y Elba Úbeda Mendoza, una especie de chamán, especialista en medicina natural. La pareja, nada más y nada menos que Daniel Ortega Saavedra y Rosario Murillo Zambrana. No es un matrimonio, aclaran, es renovación de votos.

Apenas un año atrás, en mayo del 2004, Murillo publicó, sin embargo, aquel artículo en el que describe el momento en que se reencontró por primera vez con Daniel Ortega en Venezuela, luego que este saliera de la cárcel, y en él lamentaba que 27 años después de aquel encuentro que llamó "consagración de un sacramento no-invocado", no se hubiesen casado formalmente todavía. "Del casamiento que todavía no hemos tenido, Daniel y yo, que a lo mejor, algún día, si nos decidimos, si yo le doy el sí y él a mí, podría ser que caminemos de la puerta-al-altar-a-la-puerta, con todos nuestros hijos, nueras, yernos y nietos, como mejores amigos".

Entonces, ¿por qué la ceremonia de ese día era "renovación de votos" y no "el casamiento" que Rosario Murillo lamentaba no haber tenido? La explicación no es religiosa ni sentimental. Es política. Tiene que ver más con el poder que con el amor. Sucede que ese septiembre de 2005, Ortega está a las puertas de una nueva campaña electoral. Las anteriores tres campañas las ha perdido, primero, contra doña Violeta Barrios de Chamorro en 1990; luego, contra Arnoldo Alemán en 1996, y la última, ante Enrique Bolaños en 2001. En las dos últimas campañas, el mensaje que el cardenal Miguel Obando, adversario jurado de Ortega en ese tiempo, ha lanzado a las vísperas de las votaciones parece haber tenido un efecto demoledor en las aspiraciones de Ortega. El más famoso de todos esos misiles es conocido como "el viborazo", de 1996.

"Puede pasar lo que dice una leyenda —dijo Obando en su homilía—. Dos hombres iban caminando por el campo, vieron en el camino que estaba una víbora; la víbora parecía que se estaba muriendo a causa del frío.

—Se está muriendo esta víbora por causa del frío —dijo uno de aquellos hombres— creo que si le damos un poco de calor no morirá.

—Ten cuidado —advirtió el compañero— porque yo creo que esta víbora ya mató a alguien, porque salía de ese hueco y mató a Fulanito de Tal.

—Las circunstancias han cambiado, esta víbora no me hará nada, yo le voy a dar calor.

El hombre se agachó, tomó en las manos la víbora, la metió en su pecho para darle calor y cuando le había dado calor, la víbora lo mordió y lo mató", cerró Obando en un mensaje a todas luces dirigido contra el candidato del Frente Sandinista que en esa ocasión llevó su campaña vestido de blanco.

La Alianza Liberal, integrada por Arnoldo Alemán como candidato a presidente y Enrique Bolaños a vicepresidente, ganó las elecciones con el 51.03% de los votos válidos. La firma CID-Gallup en su mejor escenario le otorgaba un 48 por ciento de votos a Alemán, según sus encuestas preelectorales. La mayoría de los análisis atribuyeron la victoria liberal con más del 50 por ciento de los votos a una especie de estampida que se dio del voto indeciso después del mensaje de Obando.

Para el 2001, Obando repitió la dosis. El cierre de campaña fue celebrado tres días antes de las votaciones con una misa campal en los predios de la Catedral de Managua. Toda la clase política estaba ahí. También los tres candidatos en competencia: Enrique Bolaños, del Partido Liberal Constitucionalista; Daniel Ortega, del Frente Sandinista, y Alberto Saborío, por el Partido Conservador. Se esperaba un segundo "viborazo".

Obando esta vez no contó ninguna leyenda y, al contrario fue más explícito: enumeró las cualidades morales que a su juicio debía tener el candidato "idóneo" para dirigir el país y centró su discurso en la unidad de la familia y los antecedentes morales de los candidatos. "Al votar, debemos preguntarnos —dijo— ¿da el candidato un apoyo decidido y claro al matrimonio y a la familia de fundación matrimonial, en contra de la tendencia de equiparar el verdadero matrimonio con otro tipo de uniones? El Estado vale lo que valgan las familias que lo forman". Ortega, que vivía en unión de hecho con Murillo desde 1978, perdió por tercera vez en esas elecciones, ante una aplastante victoria de Enrique Bolaños, quien obtuvo el 56% de los votos.

Para la campaña del 2006, sin embargo, Obando y Bravo ya era aliado de Ortega en una de esas súbitas conversiones que fueron muy comunes para esos años y los posteriores.

El "affaire Coprosa" parece haber sido el origen. Para el 2002, Roberto Rivas, protegido de Obando y Bravo, estaba siendo investigado por la Contraloría General de la República, debido al supuesto ingreso de 2,500 vehículos sin impuestos para venderlos a particulares cuando fue el director de la Comisión de Promoción Arquidiocesana (Coprosa), de 1981 a 2000, cargo en el que lo colocó el cardenal nicaragüense.

216

Daniel Ortega tenía una cuota de poder decisiva en la Contraloría y resto de instituciones de Nicaragua gracias al pacto que acordó con Arnoldo Alemán, donde se repartieron entre ellos todos los cargos públicos, en una relación inicialmente mayoritaria para el partido liberal que dirige Alemán, pero que se fue disminuyendo en la medida que Alemán fue acusado a su vez de corrupción y se volvió rehén de un sistema judicial controlado por Ortega. Obando se habría acercado a Ortega buscando salvar a su ahijado. La investigación y posible acusación contra Rivas no prosperó. Desapareció. Y ya no hubo "viborazo" contra Ortega en la campaña del 2006. Al contrario, a Obando se le vio subir a las tarimas enfloradas del candidato sandinista y, como se ha relatado, hasta oficiando la renovación de votos de la boda "que nunca tuvieron".

Aunque ya tenían a Obando de su lado, existía siempre el temor de que el mensaje contra las uniones de hecho de Obando fuese usado por sus adversarios. Nicaragua bien vale una boda, pensaron.

La versión de que se trataba de una renovación de votos y no una boda se basa en una historia, por lo menos, poco verosímil. En una declaración notarial ante el abogado Hernán Estrada Santamaría —quien además es el procurador general de la República— el 29 de agosto de 2005, Ortega y Murillo dijeron haber contraído matrimonio aproximadamente entre los meses de octubre y noviembre de 1978, en la casa que habitaba ella en el barrio Lourdes, en San José, Costa Rica.

La ceremonia habría sido oficiada por el sacerdote guerrillero, originario de España, Gaspar García Laviana. Como testigo sirvieron, según el testimonio, el doctor Rafael Solís

Cerda, Óscar Benavides y el doctor Jacobo Marco Frech. Tanto el sacerdote García Laviana como el testigo Benavides, murieron durante la guerra contra Somoza y Jacobo Marco Frech había muerto por razones naturales seis meses antes de la renovación de votos. Documentos de la ceremonia no quedaron, dice el testimonio, "por las circunstancias mismas de la guerra".

En realidad se trataba de una de las muchas maniobras en la estrategia para recuperar el poder. Las elecciones del 2006 llevaron como ninguna otra el sello de Rosario Murillo. El color fucsia, o "rosado chicha" como se le llama en Nicaragua, se impuso por sobre el rojinegro tradicional del Frente Sandinista, la canción de campaña se montó sobre la pista de *Give peace a chance*, de John Lennon, y en la escenografía de las tarimas abundaron las flores y los símbolos esotéricos muy propios de la personalidad de Murillo.

El 10 de enero de 2007, después de tres intentos infructuosos, Daniel Ortega está colocándose la banda presidencial otra vez. A su lado, Rosario Murillo luce exultante.

El pacto

*"Voy a hacerle una oferta que no
podrá rechazar"*. **El padrino, 1972**

Si yo no puedo ir a la montaña, la montaña vendrá a
mí, pensó Daniel Ortega. Atascado en un umbral del
43 por ciento de los votos, Daniel Ortega perdió tres
elecciones consecutivas antes del 2006. El gran obstáculo que
Ortega no podía saltar era la barra del 45 por ciento de los
votos que la Ley Electoral había colocado para poder ganar en
primera vuelta. En 1990, contra doña Violeta, Ortega consiguió el 40.82 por ciento de los votos; en 1996, contra Arnoldo
Alemán, 37.83 por ciento, y en 2001, contra Enrique Bolaños,
42.28 por ciento. El pacto con Arnoldo Alemán, que comenzó
en 1998, le bajó la barra hasta el 35 por ciento de los votos
necesarios para ganar en primera vuelta, y así es como consi-
gue regresar a la Presidencia en el 2007, cuando ganó con el
38.07 por ciento de los votos. Le hicieron llegar la montaña a él.

219

Daniel Ortega y Arnoldo Alemán son viejos conocidos, del mismo colegio en que estudiaron y del mismo barrio en que crecieron. "Yo vivía frente al cine Victoria", dijo Arnoldo Alemán en una entrevista. Ambos estudiaron en el Instituto Pedagógico La Salle. "Nos veníamos (del Colegio La Salle) juntos en grupo. Daniel venía dos años menor en clases. Aunque él es mayor, venía dos años menor que yo. Daniel nace el 11 de noviembre, el mismo día que mi padre, del 45, dos meses y unos días mayor que yo. Yo nací el 23 de enero del 46. Nos veníamos juntos y nos separábamos en lo que fue Bicicletas Phillips, él agarraba para el San Antonio".

Daniel Ortega, a su vez, recuerda así a Alemán: "Yo lo conozco desde muchacho, porque nos criamos en el mismo barrio. Yo vivía en San Antonio y él vivía por el (cine) América. Estuvimos en el mismo colegio durante bastante tiempo. Luego dejamos de vernos".

Alemán cayó preso en 1989, cuando Ortega era presidente. Siete meses estuvo en la cárcel por razones políticas. Cuando entrevisté a Daniel Ortega en 1998, justo cuando estaban cocinando el pacto, dijo que nunca supo que el Arnoldo Alemán confiscado y encarcelado por su gobierno era el mismo vecino con quien se venía del colegio cuando eran adolescentes. "Cuando él estuvo preso yo ni idea tenía, y no me lo cree porque cree que yo lo mandé a echar preso. Yo ni idea tenía que ese Alemán del que hablaban era el mismo que yo había conocido en el barrio".

El pacto de Ortega con Alemán fue el encuentro del hambre con las ganas de comer. Daniel Ortega estaba viviendo sus horas políticas más bajas. Su carrera parecía estar llegando a su fin. El Partido Liberal Constitucionalista (PLC) se había constituido como el partido más importante de Nicaragua, y el Frente Sandinista lucía debilitado después de la guerra intestina que llevó a la salida de los "renovadores", y por el golpe que significó para su caudillo la denuncia por abusos sexuales y violación que hizo Zoilamérica en marzo de 1998.

"Si vos te ponés en el momento en que ocurrió eso, o antes, cuando nace el MRS... ¿Cuántos diputados le quedaron al Frente? De 40 se quedaron dos. 38 se fueron al MRS. Cualquier analista que mire esas cifras te dice: 'Póngale la tapa al pomo'. Todo el andamiaje político, en el Consejo Supremo Electoral, en las cortes, el Frente estaba en cero, no tenía un solo representante. Y recuerdo que yo le decía a Daniel Ortega: 'Ni se nos ocurra ir a una elección si no tenemos al menos un magistrado en ese Consejo porque nos van a joder'. Y ahí comenzamos, a ver cómo se podía recomponer eso", relata Dionisio Marenco, aquel amigo que Ortega se encontró en los pasillos de la UCA en 1963, y quien fue uno de los principales negociadores en las reuniones más secretas de ese pacto.

Alemán, en cambio, estaba viendo de futuro: cómo iba a seguir mandando después que entregara la banda presidencial y, mejor aún, cómo iba a regresar a la Presidencia. Su jugada, como si de una partida de ajedrez se tratara, era conseguir ser diputado después de su mandato y así ser nombrado presidente de la Asamblea Nacional, y desde ahí gobernar el país. Daniel Ortega y el equipo que trabajaba con él dieron muestras de sagacidad en el juego del ajedrez político, cedieron "la torre", la diputación automática que buscaba Alemán, pero fueron por la "reina", bajar el piso electoral necesario al 35 por ciento.

Para conseguir las reformas electorales y constitucionales que buscaba, Alemán tuvo dos opciones. Una era aliarse con una diáspora de nueve partidos que juntos representaban 15 diputados, los cuales sumados a los 42 del PLC le daban 57 votos, uno más de los 56 necesarios por ley para aprobar las reformas a la Constitución. La otra opción era aliarse con el Frente Sandinista, su enemigo natural, que tenía 36 votos disciplinados. Escogió aliarse con los sandinistas. Negociar con uno grande en lugar de nueve negociaciones con pequeños.

El pacto significó la repartición obscena entre el PLC y el FSLN de todos los principales puestos públicos, la creación de bancadas partidarias en los poderes del Estado, el regalo de la diputación a Arnoldo Alemán y la rebaja en el porcentaje electoral que puso la Presidencia al alcance de Daniel Ortega.

"Te voy a contar un detalle inédito", dijo 10 años después, en 2008, Dionisio Marenco. "Cuando estábamos con lo de la segunda vuelta, la primera parada del Frente fue: 'Se elimina la segunda vuelta. Volvemos al sistema anterior'. '¡Ni mierda!', dice Alemán, 'segunda vuelta se mantiene'. ¡Porque ese es su candado! Cualquier ciudadano sabe que en Nicaragua, al menos hoy, la correlación de fuerzas políticas indica que el Frente no las tiene consigo para ganar en primera vuelta. Entonces el Gordo (Alemán) tenía esa tranca. Pero el Gordo tira una propuesta que quiere poner dos cámaras, senado y diputados. ¿Para qué? Para que haya más experiencia, para que así se pongan los patriarcas de los partidos a trabajar. Él dice que pasa a ser senador vitalicio. Aquí está la clave de esta cosa. Arnoldo lo que quiere es una continuidad política que le permita su presencia ahí y que le dé inmunidad para cualquier acusación. Todo lo que iba siendo motivo de discusión se iba poniendo aparte e íbamos avanzando en lo que nos íbamos poniendo de acuerdo. Al final, Jaime Morales Carazo diseña la fórmula: se baja a 35 por ciento, siempre y cuando la distancia entre el primero y segundo lugar sea más del cinco por ciento. Que al final quedó como un guante hecho a la medida a lo que ocurrió en la elección última".

—¿Por qué habrá cedido el Gordo esto? —preguntó Daniel Ortega a Marenco, mientras bajaban por la cuesta de El Crucero, una madrugada que venían de la casa hacienda El Chile, del entonces presidente Arnoldo Alemán. Eran los días en que se cocinaba el pacto entre el Frente Sandinista y el Partido Liberal Constitucionalista.

—Ni sigás preguntando nada —le dijo Marenco—. Firmemos ya ese 35 por ciento, que esa es la fórmula que nosotros necesitamos.

—¿Pero por qué habrá hecho eso? —insiste Ortega desconfiado.

—La diputación… Sencillamente eso fue.

"Si Alemán no se ha empecinado en ir a la Asamblea Nacional de presidente, y no se ha empecinado en estar hincando a Bolaños, Bolaños no lo persigue. Bolaños no le hubiera abierto ningún juicio. Bolaños le ofreció embajadas, le ofreció mil cargos a Alemán con tal que se saliera de ahí y Alemán no hizo caso. Y eso forzó el juicio, y el bonche", considera Marenco.

El pacto, según Marenco, lo comenzó negociando Humberto Ortega, por los sandinistas, con Jaime Morales por los liberales. "Luego me incorporaron a mí por el lado del Frente y Alfredo Fernández por el lado de Alemán, porque Alfredo y yo somos amigos, y la negociación, el corazón de la negociación secreta, la manejamos entre cinco: Jaime (Morales), Alemán, Alfredo (Fernández), Daniel, y yo. Lo que ahí se acordaba después se llevaba a la Asamblea Nacional para su ratificación pública. Pero la negociación fue muy larga, 30 reuniones, una cosa así. Y nunca se filtró ninguna".

Cuando pregunté a Dionisio Marenco si no sentía algún remordimiento por todo el descalabro institucional que significaron para Nicaragua los acuerdos Ortega-Alemán, dice que no. Al contrario, dice sentirse orgulloso de los resultados conseguidos con el pacto. "Si no ha sido por ese pacto, el Frente Sandinista ¡nunca! hubiera ganado las elecciones. Por lo tanto, el trabajo que se concibió para que el Frente pudiera regresar al poder fue exitoso. Ahora, si vos una vez que regresás al poder hacés bien o mal las cosas, ya son cosas que yo no puedo predecir".

—Si el Frente Sandinista estaba tan mal como dice —le pregunto ya al final de la entrevista— ¿cómo es que convencen a Arnoldo Alemán que les dé el oxígeno que necesitan, si se supone que él era su enemigo natural?

—Dame crédito a mí (ríe), hicimos un buen trabajo.

Otro que no tiene remordimientos de conciencia es Arnoldo Alemán, el venido a menos caudillo del PLC. Alemán pasó rápidamente de socio mayoritario a minoritario. El Frente Sandinista aprovechó las acusaciones por corrupción que enfrentó al dejar la Presidencia para arrancarle concesiones a través del uso chantajista del sistema judicial que controlaba. Alemán no se siente responsable de nada y culpa a la división de su partido de la victoria sandinista en el 2006, y no al regalo del 35 por ciento electoral. Ni siquiera reconoce haber pactado.

"Estás equivocado. Yo no he pactado con Daniel Ortega. La Constitución te señala que si no tenés 56 diputados no podés elegir a ningún miembro. La historia me va absolver ahora que ellos, que son gobierno, no tienen los 56 votos y nosotros, toda la oposición no tiene los 56 votos. ¿Qué tenés que hacer? Yo a Daniel solo lo he llamado para hacer los votos necesarios", dijo en entrevista en febrero del 2010.

—A pesar de la división, Ortega nunca hubiese ganado si ustedes dejan el mínimo en lo que estaba: 45 por ciento —le hago ver.

—No es el porcentaje lo que hace escoger al presidente, es la unidad monolítica. Si vos sumás lo que obtuvo ALN y PLC (las dos facciones liberales), tenés un gran total de 55 por ciento.

—Usted estableció un porcentaje a la medida del Frente Sandinista.

—Yo no, lo establecieron en el 95.

—Pero usted lo bajó hasta el 35 por ciento…

—No es por el porcentaje que ganás, es por la consolidación de las instituciones políticas llamadas partidos.

—Doctor, aún divididos, el Frente Sandinista no hubiera ganado las elecciones si ustedes hubiesen mantenido el 45 por ciento como mínimo —insisto.

—Así me decían a mí. Esa fue la presunción, que con estas divisiones Arnoldo Alemán no ganaba.

—En una entrevista, Dionisio Marenco dice que la propuesta de reducción del mínimo electoral fue de Arnoldo Alemán, y que ellos vieron en eso la oportunidad de su vida.

—No es cierto. No es cierto. Nicho habla para ser noticia.

—¿Nunca vino Dionisio Marenco a esta hacienda?

—Muchas veces. Y vino cuando pusieron la foto que yo mandé a tomar para que vieran que aún preso venía Daniel Ortega a pedirme que avalara lo que había pactado con Enrique Bolaños.

—¿Usted nunca pidió concesiones, privilegios, mientras estuvo condenado? Como el régimen de libertad domiciliar, la ciudad por cárcel después, el país por cárcel…

—Mis abogados lo pedían y estuvo sustentado por dictámenes médicos forenses.

—A nivel político, me refiero.

—Nunca. Nunca. Nunca me iba a soltar el Frente Sandinista. Si no ha sido la inteligencia de aprovechar una crisis y pedirles a tres amigos que no hicieran quórum, hizo que el Frente Sandinista me diera un sobreseimiento que jamás habían pensado hacer —dice en referencia al sobreseimiento definitivo que hizo la Corte Suprema de Justicia controlada por Ortega, en enero de 2010, mientras en simultáneo, a cambio, Alemán le proporcionaba los votos necesarios para que el diputado sandinista René Núñez fuese electo presidente de la Asamblea Nacional.

—¿Y el hecho que fuese simultáneo el sobreseimiento con la elección de Núñez es por las desconfianzas que se tienen entre ustedes?

—¡Ahhh brujo! —ríe a carcajadas—. ¡Vos sos brujo!

Regreso al poder

*"No importa lo que te haya ocurrido en
el pasado, no eres tu pasado, eres los recursos
y las capacidades que hayas recogido de él.
Y esa es la base para cualquier cambio".*
El lobo de Wall Street, 2013

Era su momento. Tarde del 10 de enero de 2017. La colorida bufanda parece estrangularle el cuello mientras hace furiosas cabriolas impulsada por las corrientes del fresco viento que llega desde el lago. Le despeinan y mecen la larga falda de su vestido. Ella se quita las hebras de cabello que le han cubierto la cara, hace un paneo, primero a la tribuna de rostros expectantes y sonrisas fingidas y luego abajo, a la muchedumbre de jóvenes uniformados que ríen y chismorrean más bien ajenos al momento, a su momento. Levanta la mano derecha y sonríe para ella misma. Es su momento.

—Jura solemnemente —reza Gustavo Porras, presidente de la Asamblea Nacional, también con la mano alzada— respetar la Constitución y las leyes, los derechos y las libertades, cumpliendo fielmente las responsabilidades y deberes que el pueblo nicaragüense le ha encomendado.

—Sí, lo juro, con el poder de Dios —improvisa— encomendada a Dios y al pueblo nicaragüense que nos acompaña.

Una treintena de anillos le cubren los dedos, otras veinte pulseras sus muñecas y una decena de collares de múltiples colores cuelgan de su cuello. Nada es solamente decorativo. Cada piedra, cada símbolo, cada color tiene una misión. Blindada con ellos ha llegado hasta ahí. Su momento. El vestido sigue bailando impulsado por las ráfagas de viento. Para ese día escogió un primoroso modelo Anita Dongre, idéntico al que usó la duquesa Catalina de Cambridge (antes Kate Middleton) en abril del 2016 cuando visitó la India. Murillo, con menos garbo, le ha añadido un grueso cinturón blanco que lo anula. Pero, la elegancia no es su preocupación.

Diez años antes, después de tres intentos infructuosos, Ortega regresó al poder con un 38 por ciento de los votos, apenas lo justo para ganar. Durante 16 años pasó "gobernando desde abajo", sobrevivió a la división de su partido, eliminó todo viso de competencia interna que fue apareciendo, negoció con quien tuvo que negociar sin atenerse a ninguna regla ética, creó estructuras paramilitares llamadas "comandos electorales" para proteger sus votos y obstaculizar o eliminar los votos adversarios, y el 10 de enero del 2007 estaba de nuevo colocándose la banda presidencial. Estaba de regreso en la cima del poder y desde el primer día dejó claro que no estaba dispuesto a jugárselo otra vez.

Murillo llegó con poderes de facto de primer ministro. Nombrada oficialmente como secretaria de Comunicación, pronto se le vio organizando y dirigiendo el gabinete. Daniel Ortega aparecía solo en actos protocolarios muy de vez en cuando. Murillo invadió Nicaragua con sus símbolos y colores. Ante un Daniel Ortega cada vez más ausente, la voz de Murillo se oye todos los mediodías a través del conglomerado de medios de comunicación oficialistas que diseñaron como una especie de muralla virtual, donde muros adentro, pretendían crear la realidad que fuese necesaria, de tal forma que si Rosario Murillo decía que en Nicaragua cayó un meteorito, en Nicaragua "cayó" un meteorito aunque la NASA los desmintiese.

Durante estos últimos años, Daniel Ortega se aisló más que nunca. Su círculo de amigos prácticamente desapareció y quedó reducido a empleados o leales, todoterreno, como Néstor Moncada Lau o su jefe de Seguridad, Manuel Rivas Vallecillo, el último del Grupo de los Ocho. Ortega mantiene una cordial distancia de Jacinto Suárez y Lenín Cerna, los otros dos del grupo original. Incluso, la mayoría de los comandantes que estuvieron con él en la plaza el 20 de julio de 1979, o han muerto o son sus adversarios políticos.

Carlos Guadamuz, su amigo íntimo desde la niñez, fue asesinado en circunstancias sospechosas; Dora María Téllez, la excompañera de la guerrilla, es adversaria política; Sergio Ramírez, del "one-two" de la insurrección y los años 80, le enfrentó políticamente primero y luego, retirado a su oficio de escritor, mantiene una actitud crítica hacia el régimen de Ortega. La lista es larga. Gioconda Belli, Henry Ruiz, Luis Carrión, Ernesto Cardenal, Carlos Tünnermann, Víctor Hugo Tinoco, Mónica Baltodano, Julio López y más. Para avanzar en su proyecto Ortega se ha aliado a personajes de la peor calaña en la política nicaragüense, algunos de ellos involucrados en grandes escándalos de corrupción o salidos del somocismo. Hay soledad en El Carmen.

Los viajes más frecuentes de Ortega son a Cuba, por razones de salud, y a Venezuela, por razones de política y de dinero, sobre todo cuando gobernaba Hugo Chávez Frías, quien se comportó como su mecenas y tutor. Sus desapariciones de la vida pública son a veces tan largas, que más de una vez se le ha dado por muerto. El 22 de febrero de 2014, después de diez días en los que no se supo de él, apareció en el aeropuerto recibiendo al cardenal Leopoldo Brenes, con la intención de desmentir los rumores que para esas fechas con insistencia lo daban por muerto.

En un trabajo preparado para la revista *Confidencial*, la periodista Arlen Cerda contó 296 actos o intervenciones públicas de Ortega en cinco años, de enero de 2012 a mediados de abril de 2017. En ese mismo periodo solo en 18 ocasiones salió de Managua hacia otros municipios del país, básicamente a celebraciones de lugares a los que siempre va: el Repliegue Táctico a Masaya o la Insurrección de Monimbó y los actos organizados en Niquinohomo por el nacimiento o muerte del general Augusto C. Sandino. En ese mismo periodo, en cambio, Rosario Murillo realizó 1,700 intervenciones, en una relación de seis apariciones públicas por cada una de Ortega. Es el preso No. 198, que nunca dejó de ser, gobernando.

Durante los primeros diez años, Ortega y Murillo —porque sería injusto analizar este periodo por separado— administraron un relativo periodo de "vacas gordas" gracias al flujo de dinero venezolano, que se calculó en unos 500 millones de dólares al año, de libre gasto. Con ese dinero pudieron diseñar un gobierno familiar, de corte populista, que les proporcionó cotas altas de simpatía y la posibilidad de avanzar en el establecimiento del gobierno autoritario o dictatorial que iban a necesitar para mantenerse en el poder en época de "vacas flacas".

Hasta antes del 18 de abril de 2018, Daniel Ortega había gobernado durante once años con los poderes soñados de un dictador: controlaba todas las instituciones del Estado, diseñó una oposición colaboracionista, se alió con el gran capital, y ejecutaba con cierta periodicidad elecciones en las cuales el tribunal electoral controlado por él le asignaba los votos que solicitara. Ha concentrado en sus manos todos los poderes del Estado y convertido al Ejército y a Policía en una especie de guardia familiar, haciendo de su gobierno algo paradójicamente parecido al somocismo que en algún momento ayudó a derrocar. Cuando el descontento popular afloró masivamente, a partir del 18 de abril de 2018, demostró que estaba dispuesto a todo para no irse del poder otra vez, en correspondencia a una lapidaria frase del difunto comandante Tomás Borge: "Podemos pagar cualquier precio, lo único que no podemos es perder el poder. Digan lo que digan, hagamos lo que tengamos que hacer. El precio más elevado sería perder el poder", dijo Borge.

Si Ortega gobernó sus últimos once años como un presidente ausente, su rostro aparecía por todas partes, en vallas de carreteras, gigantografías en Managua, textos y cuadernos escolares, murales y medios oficialistas, entre otros como si fuese el mismísimo Gran Hermano, omnipresente y vigilante, que describiera George Orwell en su relato distópico *1984*. A partir del 2012, sin embargo, el Gran Hermano ya no estaba solo, y junto a la figura de Ortega comenzó a colocarse, a veces incluso con más protagonismo, la imagen de Rosario Murillo. Ningún discurso oficial o paraoficial se dijo en Nicaragua si no remachaba la muletilla "gracias al comandante Daniel Ortega y a la compañera Rosario Murillo". El mecanismo de la sucesión dinástica comenzó a activarse, como si de una monarquía se tratara. Se dio por un hecho que la siguiente jugada de Ortega sería ponerla como su candidata a la Vicepresidencia en la próxima reelección, a pesar de lo aberrante que, si no legal, éticamente resultaba. Y por supuesto, el siguiente paso de Murillo sería la Presidencia, ya sea en este periodo, por una renuncia o fallecimiento de Ortega, o en el siguiente como la candidata del Frente Sandinista.

Mientras alza su mano anillada, aquella tarde del 10 de enero de 2017, Rosario Murillo tal vez recuerda sus días en el barrio San Andrés de Managua, sus confidencias y correrías con Camilo Ortega, o los poemas que intercambió con Daniel Ortega cuando este purgaba condena en la cárcel La Modelo de Managua. O la ocasión aquella en que se lo encontró, ya libre él y ella embarazada, en Caracas, Venezuela. O cuando llegó a León liberado, en julio del 79, estrenando uniforme verdeolivo y con armas que nunca disparó. O sus pleitos con el poeta y sacerdote Ernesto Cardenal en los años 80, o las noches de bohemia en la discoteca que se dio a hacer en su propia casa cuando sintió que ser primera dama no era lo suyo, o el día que, acuerpada por casi todos sus hijos, salió en defensa de las acusaciones de violación que su hija Zoilamérica Ortega Murillo le hizo a Daniel Ortega Saavedra, su esposo. O, mejor aún, tal vez piense en el día que llevado de su mano, Daniel Ortega recuperó la banda presidencial, y que hoy, se la ha vuelto a poner por tercera vez consecutiva, contra toda ley y pronóstico, y ella misma está jurando como vicepresidenta de la República de Nicaragua, a solo un paso del poder total.

Epílogo

"Somos el resultado de la suma de
todos los momentos de nuestra vida".
Antes del atardecer, 2004

Como una isla en medio del intenso tráfico de las cercanías del Estadio Nacional, en Managua, se alza desde el año 2009 el llamado Museo de la Victoria Sandinista. De entrada hay que reconocer que fue una idea concebida con buen gusto. Se trata de un recorrido en espiral, a la par del cual se han levantado paredes curvas que resumen en fotografías los frentes de guerra que el sandinismo dispuso para derrocar a Somoza.

Ahora luce abandonado, pero en sus primeros años, siempre había un guía para explicar la historia a extranjeros que llegaban a visitarlo, delegaciones de escolares o uno que otro curioso que entraba por iniciativa propia.

El problema de este museo, que costó 1.7 millones de córdobas a la Alcaldía de Managua, es que había que saber leerlo entre líneas. Las fotografías, el texto y la charla memorizada del amable guía —que con gorra y camisetas de FSLN atendía y pedía que firmara el libro de visitas— más que explicar la historia, mostraban la intención de Daniel Ortega de reescribir su vida, casi como si fuese un guion de película que se está reinventando porque la primera versión no gustó.

El Museo de la Victoria Sandinista está diseñado como un espacio de culto a Daniel Ortega como el combatiente de mil batallas que no fue. Si la historia es la que cuentan las fotografías de las paredes del Museo de la Victoria Sandinista, Daniel Ortega fue el gran guerrillero, el Ho Chi Minh de Nicaragua. No solo es llamativa la omnipresencia de Daniel Ortega en los frentes guerrilleros, sino también la ausencia de aquellos que por razones políticas ya no están con él.

Por ejemplo, en una de las paredes, la más grande de las fotos fue dedicada a Ortega "pasando revista a tropas del Frente Sur" junto al controversial comandante Cero, Edén Pastora, y en otra pared, la del Frente Occidental, Ortega aparece en dos de las cuatro fotografías, junto al comandante Tomás Borge.

Lo extraño es que ni Ortega ni Borge estuvieron, según la historia conocida hasta ahora, en el Frente Occidental, sino que llegaron el 15 de julio procedentes de Costa Rica, cuando ya ese territorio estaba liberado. Y quien dirigió la guerra en ese frente fue la comandante Dora María Téllez, pero no se le ve en ninguna foto ni se le menciona en texto alguno. La lista de los excluidos es más larga: Humberto Ortega, Joaquín

238

Cuadra, Mónica Baltodano, Henry Ruiz, Bayardo Arce, Víctor Tirado López…

—¿Estuvo Daniel Ortega en el Frente Sur? —preguntamos a Edén Pastora telefónicamente.

—Sí llegaba. Era el comandante de la Dirección Nacional que más llegaba y permanecía con nosotros. Otro era Víctor Tirado, pero menos… Precisamente en esa foto me está nombrando jefe del Ejército Sandinista —proclama orgulloso Pastora.

—¿Estuvo Daniel Ortega en el Frente Occidental? —preguntamos igual a Dora María Téllez.

—Nunca. Esas fotos son cuando se llegó a instalar la Junta de Gobierno, el 18 de julio. Y Tomás Borge menos, ni sé dónde estaba para la guerra.

—¿Se siente excluida en esa historia?

—No. Porque esa no es historia. Es propaganda. Es la forma que tienen de cubrir la vergüenza de no haber estado en los frentes de guerra.

Tan surrealista llega a ser esta versión de la historia que el comandante Víctor Tirado llegó en cierta ocasión a curiosear al museo y cuenta que el guía le relató una historia distinta a la misma en la que él fue protagonista de primera línea durante muchos años. Es el nuevo guion. "Ellos no participaron en ningún combate de significación extraordinaria, solo la fama de 'revolucionarios' con ocho erres les da campo para hablar", dijo.

239

La historia de Daniel Ortega es, en primer lugar, la de un sobreviviente. Pocos de sus originales compañeros de lucha llegaron vivos hasta 1979. Incluso, es posible que los siete años de cárcel en los peores años del Frente Sandinista hayan determinado esa sobrevivencia. Es la historia de un hombre cuyo tiempo lo colocó en un lugar privilegiado de la historia, el del guerrillero que llega a ser jefe de Estado y tiene, por tanto, la posibilidad de demostrar que valían la pena las ideas por las que luchó y por las que murieron miles de personas.

Lamentablemente ese no es el caso de Daniel Ortega. Al contrario. Desdijo con su actuación las razones que lo llevaron a esa posición de poder. Como se ve en este relato, Daniel Ortega convirtió al poder en el propósito de su vida. El poder por el poder. Para ello eliminó toda la competencia interna, a costa incluso de la división en su partido, de tal forma que él y solo él ha sido el candidato del Frente Sandinista en siete elecciones consecutivas. Perdió una vez, otra y otra, hasta que al cuarto intento logró regresar al poder gracias, principalmente, a un ignominioso pacto con el caudillo liberal Arnoldo Alemán. Una vez en la Presidencia de nuevo, diseñó su propia dictadura y activó la sucesión dinástica con el propósito de no irse nunca del poder. Eliminó, fraude tras fraude, el poder del voto ciudadano para cambiar autoridades, para no dejarle a nadie más que a él la posibilidad de decidir quién y cómo se gobernará Nicaragua.

Hasta antes del 18 de abril de 2018 todo le funcionó más o menos bien. Las encuestas le otorgaron entre el 60 y 70 por ciento de las simpatías de la población. Las protestas generalmente no pasaban de conatos, porque eran reprimidas violentamente desde su origen por grupos de choque entrenados y dispuestos para este propósito. Toda esta maquinaria de poder era aceitada con los recursos del Estado y por unos 500 millones de dólares aproximadamente que llegaban cada año de la cooperación petrolera venezolana.

Estableció de facto una especie de apartheid, con dos categorías de ciudadanos: una que mostraba lealtad al partido de gobierno y con ello tenía todas las ventajas en becas, distribución de bienes, sentencias judiciales, trabajos, y la otra que, por ser crítica, era acosada, excluida de algunos espacios e ignorada por el Estado. El discurso oficialista puso énfasis en vender Nicaragua como el país más seguro de Centroamérica, con mayor crecimiento económico y gozando de paz, como si ese fuese el resultado de este modelo de gobierno autoritario y concentrado en una sola familia. El mensaje parecía ser: denme sus libertades y les daré paz y prosperidad.

Cuando los ciudadanos, sin poder de voto y hastiados de ese sistema, salieron a las calles a pedir que se fuera del gobierno, masacró al pueblo nicaragüense para mantenerse en el poder, al costo que fuera.

A partir del 18 de abril Nicaragua cambió radicalmente. Comenzó con una protesta pacífica contra unas reformas a la Seguridad Social que recibió el mismo tratamiento de siempre: garrotazos de la Policía y los grupos de choque. La diferencia fue, esta vez, que la protesta no se disolvió. Al contrario, se multiplicó. El Gobierno respondió con más represión, incluyendo balas vivas contra los manifestantes. A los primeros muertos, Nicaragua se insurreccionó. Comenzaron a levantarse barricadas en los barrios y ciudades, y el tema de la protesta evolucionó del malestar por la reforma a la Seguridad Social a pedir la renuncia y rendición de cuentas ante la justicia de Daniel Ortega y todos los implicados en los crímenes. Tres meses después había más de 400 muertos, cárceles llenas de presos políticos, miles de nicaragüenses huyendo, escondidos o migrando hacia otros países, y un Daniel Ortega en jaque, aislado internacionalmente, y sostenido por un ejército de paramilitares, una Policía que se desnaturalizó, y un Ejército que simula estar al margen de todo. Las posibilidades de Ortega se redujeron notablemente y, a estas alturas, la sucesión dinástica parece un sueño de opio.

"Estamos ante un sujeto sádico, Daniel Ortega, de pensamiento esquizoide mágico, que es capaz de torturar y de matar para seguir llevando hasta lo indecible su delirio de poder. Un sujeto maniaco, que cuando se le hace ver la realidad evidentemente explota porque es un sujeto que vive a partir de un principio de fantasía y no un principio de realidad", dice el doctor José Antonio Lara Peinado, de México, autor de la investigación *Psicoanálisis del poder*.

¿Cómo alguien con las pocas luces que los cercanos a Ortega dicen ver en él llegó a convertirse en el personaje más importante de los últimos 40 años en Nicaragua? Leon Trostky, disidente revolucionario ruso, dijo de Stalin que la posición que alcanzó en la desaparecida Unión Soviética "fue la suprema expresión de la mediocridad del aparato". Que Daniel Ortega llegase a ser la principal figura de una revolución triunfante, a pesar de su modesta participación en ella, que además se haya convertido en jefe de Estado, caudillo y dictador, a pesar de su poca preparación académica y el escaso carisma personal que se le achaca,

242

solo se explica por la sobrevivencia de ese modelo de sociedad primitiva que pone sus destinos en manos del "hombre fuerte", el gamonal de hacienda, el caudillo. Esa sociedad que se cree menor de edad, dependiente, que busca el hombre fuerte que la guíe y, a su vez, ese hombre fuerte cuida que la sociedad siga en esa condición de dependencia para evitar que crezca la poca república que lo negaría como figura de poder.

Si por Daniel Ortega y Rosario Murillo fuese, ellos serían el inicio de una dinastía de mil años, enraizada en una historia guerrillera donde Ortega mismo, como un semidiós, derrotó a la bestia negra que es el somocismo. Para ello es necesario uno, tomar el poder; dos, reescribir la historia para asignarle el papel que cree merecer; tres, crear con la propaganda una realidad paralela donde la sociedad "vive bonito" y conforme; y cuarto, sostenerse en el poder a través del control total de las instituciones, el fraude y la represión al pensamiento diferente.

El orteguismo solo es el somocismo con otro nombre, igual que el somocismo solo fue otra versión del zelayismo. Nicaragua no cambiará solo porque se vaya Daniel Ortega del poder. Cambiará cuando existan leyes e instituciones fuertes y, en consecuencia, deje de haber hombres fuertes.

Con la revolución sandinista en general, y con Daniel Ortega en particular, se perdió una oportunidad histórica para ese cambio. Daniel Ortega pudo pasar a la historia como el guerrillero que sufrió cárcel, encabezó una revolución triunfante, llegó a la Presidencia de la República, dejó su legado, bueno o malo, y se fue. Pero esa no es la historia de Ortega.

"La historia será amable conmigo, porque tengo intención de escribirla", dijo el primer ministro británico Winston Churchill en su momento.

Este trabajo no trata de convencer a nadie de que Daniel Ortega es buena o mala persona, que tiene pocos o muchos méritos como guerrillero, caudillo o jefe de Estado, o que es trascendente o intrascendente en términos históricos. La idea fue siempre dejar que los hechos hablen. No se pueden inventar unas situaciones y ocultar otras, según nuestros intereses, simpatías o antipatías personales. Porque así como resulta un ridículo histórico que Daniel Ortega, como Churchill, trate de reescribir su vida a la medida de sus pretensiones de poder y grandeza, tampoco puede alguien contar su historia con la pretensión de lo contrario, achicarlo o ridiculizarlo más allá de sus propios actos. Lo justo es contarlo tal cual lo muestran los hechos. Con sus luces y sombras. Y que sea la historia y el juicio de cada lector quienes los juzguen. Que lo absuelva o lo condene.

Este libro consta de 252 páginas.
Nicaragua, septiembre 2018.

36249159R00146

Printed in Poland
by Amazon Fulfillment
Poland Sp. z o.o., Wrocław